SIMULACIONES MULTIAGENTE CON NETLOGO

Una introducción simple a la ciencia de la complejidad

Fredy Cuenca, PhD

Copyright © 2023 Fredy Cuenca

Todos los derechos reservados. Ninguna parte de este libro puede ser reproducida de ninguna manera sin el permiso escrito del autor.

Primera edición en Junio del 2023

ISBN 978-1-312-54033-0

A mí mismo cuando era joven

Contenido

PRIMERA PARTE: LA HERRAMIENTA NETLOGO

INTRODUCCIÓN 1

EL AGENTE TORTUGA 13

EL LENGUAJE NETLOGO 27

INTERFAZ DE USUARIO 39

EL AGENTE PARCELA 51

CONJUNTOS-AGENTE 65

LISTAS Y CADENAS 73

RAZAS 85

EL AGENTE ENLACE 93

DINÁMICA DE SISTEMAS 107

CAJITA DE SASTRE 115

SEGUNDA PARTE: INTRODUCCIÓN A LA CIENCIA DE LA COMPLEJIDAD

TUR-MITAS 139

AUTÓMATAS CELULARES 143

MÁQUINAS AUTORREPRODUCTORAS 155

FRACTALES 159

SISTEMAS-L 167

FRACTALES EN EL PLANO COMPLEJO 175

SINCRONIZACIÓN 181

REDES NEURONALES ARTIFICIALES 191

ALGORITMOS GENÉTICOS 199

HORMIGAS ARTIFICIALES 213

Bibliografía 223

PARTE I

LA HERRAMIENTA NETLOGO

CAPÍTULO I

INTRODUCCIÓN

Podría simular una pasion que no sintiera, pero no podría simular una que me arrasara como el fuego.

"**El retrato de Dorian Gray**", **Oscar Wilde**

Hace ya más de medio siglo, en 1969, Seymour Papert propuso el lenguaje LOGO para introducir a los niños de varias escuelas estadounidenses en la programación de computadoras. La primera versión del lenguaje venía acompañada de una tortuga-robot que caminaba, giraba y retrocedía por el salón de clases siguiendo los comandos ingresados por los propios niños en un terminal. NetLogo intenta mantener el mismo espíritu: divertido y fácil de aprender. Sigue incluyendo varias primitivas del lenguaje original, pero ha reemplazado la voluminosa tortuga-robot por miles de tortugas virtuales, autónomas, que pueden percibir el entorno digital que habitan y modificarlo según sus objetivos y necesidades.

NetLogo es un entorno de modelamiento y simulación que incluye un lenguaje de programación. Funciona como una aplicación de escritorio. Es gratuito, multiplataforma y de código abierto. Fue creado por Uri Wilensky y es desarrollado en el Centro de Aprendizaje Conectivo y Modelamiento Basado en Computador (*CCL*) de Northwestern University, desde 1999.

Permite construir y simular modelos caracterizados por la interacción de sus agentes constituyentes. Con NetLogo es posible, por ejemplo, simular las colisiones entre las moléculas de un gas para observar cómo se alteran sus velocidades. O también se puede simular el tráfico vehicular sobre una carretera para intentar deducir bajo qué condiciones empiezan a formarse atolladeros; o un pequeño micromundo de zanahorias, conejos y zorros que pueda regalarnos valiosas intuiciones sobre las fluctuaciones poblacionales de un ecosistema real. Podemos evaluar muchas hipótesis, propias y ajenas, sobre cómo las hormigas, abejas, termitas y otros insectos sociales alcanzan elevados niveles de organización a la hora de recolectar alimentos o construir sus nidos, cómo los precios de las mercancías se autorregulan sin necesidad de una entidad central, o cómo un conjunto de células marcapaso se sincronizan para generar al unísono los impulsos eléctricos que hacen latir el corazón. Incluso podemos intentar reinterpretar el pasado: modelar algún momento histórico controversial, como la súbita desaparición de tal o cual civilización, para evaluar nuevas hipótesis. Cada simulación de NetLogo nos coloca frente a un micromundo, una comunidad «viviente» de agentes virtuales que cooperan o compiten entre sí, que se desplazan, se reproducen, se ayudan, se estorban, se atacan e incluso se aniquilan.

Además de los archivos de datos que podemos obtener de las simulaciones, estas también nos ofrecen una salida visual donde se nos muestra gráficamente el desenvolvimiento en tiempo real del fenómeno descrito. Es como sentarse a ver una película cuyos actores-agente siguen al pie de la letra el guion que hemos escrito para ellos en el código fuente.

El flujo de trabajo con NetLogo puede resumirse así: La conducta de un determinado tipo de agente se especifica mediante código de programación, normalmente con unas pocas líneas. Luego, en una fase posterior de simulación, NetLogo replica nuestro código y lo ejecuta simultáneamente para cada uno de los cientos o miles de agentes participantes que hayamos decidido incluir en el modelo, liberándonos así de los tecnicismos de la programación concurrente.

Debido a la amplia variedad de fenómenos que pueden ser simulados con relativamente poco esfuerzo, NetLogo cuenta con un variado universo de usuarios, que incluye desde estudiantes de escuela hasta científicos de renombre de las más diversas disciplinas.

Instalación

El instalador de NetLogo puede descargarse gratuitamente desde:

https://ccl.northwestern.edu/netlogo/download.shtml

Existen versiones para Windows (32/64 bits), Linux (32/64 bits) y Mac OS X.

El asistente solicitará la ruta de instalación donde se colocará el archivo NetLogo.exe junto a las docenas de librerías (dlls) que requiere para su buen funcionamiento. El instalador también incluye la siguiente documentación:

- Un folleto de presentación con las características funcionales de NetLogo.
- Tres tutoriales cortos, donde se acompaña al lector a navegar sobre el entorno y se le ayuda a elaborar sus primeros modelos.
- Un diccionario, que describe la sintaxis de todas las primitivas del lenguaje.

Características técnicas

El lenguaje NetLogo posee las siguientes características:

- Es gratuito, de código abierto, multiplataforma, y está basado en LOGO
- Soporta procedimientos anónimos
- Puede ser extendido mediante APIs

Su entorno de programación incluye:

- Un editor de código fuente con verificador de sintaxis
- Una paleta de controles (deslizadores, cajas de texto, listas desplegables, etc.) para construir interfaces para el usuario

- Una línea de comandos para ejecutar instrucciones durante la simulación
- Monitores para dar seguimiento individual a ciertos agentes
- Un Modelador de Sistemas Dinámicos para crear diagramas de Forrester
- Herramientas para crear/exportar datos, gráficos y vídeos
- NetLogo 3D, para crear modelos tridimensionales
- HubNet, que permite ejecutar simulaciones entre varios terminales

La interfaz de NetLogo

Apenas abrimos el programa NetLogo nos encontramos la siguiente interfaz:

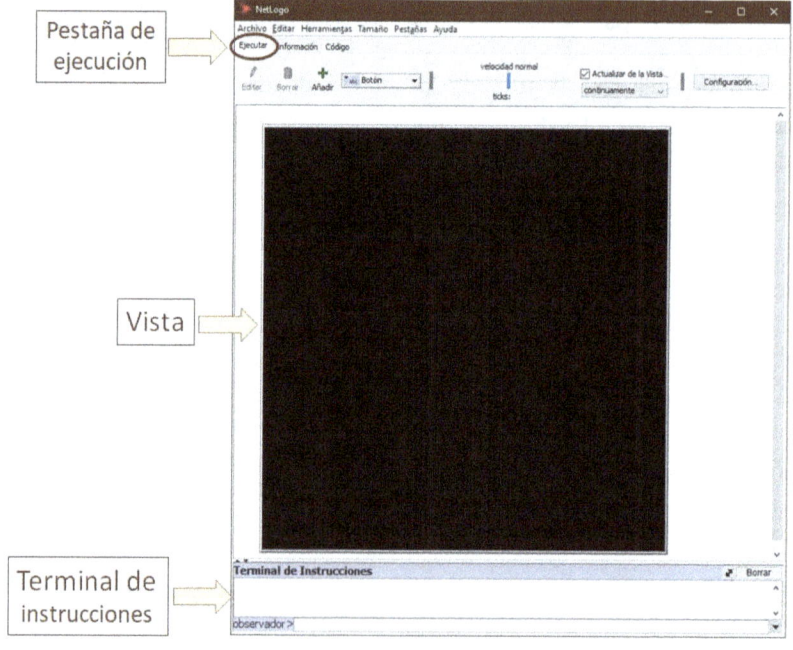

Interfaz de NetLogo al abrir un nuevo proyecto

Justo debajo del menú principal existen tres pestañas que permiten abordar separadamente tres aspectos importantes del modelamiento multiagente en NetLogo. En la pestaña Ejecutar es donde solemos simular un modelo que ya ha sido previamente implementado. Aquí es donde se observa a los agentes en acción, moviéndose, reproduciéndose y desapareciendo, según lo que se haya especificado en la pestaña de Código. La pestaña de Información es de documentación, sirve para informar a los usuarios qué hace el modelo, qué significa cada parámetro, cuál es su rango de valores permitidos, etc.

Cada vez que abrimos un proyecto nuevo se nos presenta la pestaña de Ejecución, que consta de: (i) la Vista y (ii) el Terminal de Instrucciones.

La Vista es ese lienzo negro y vacío que ocupa el centro de la pantalla. Su protagonismo no es exagerado. Es el atractivo principal del entorno NetLogo, es como una pantalla de cine en la que veremos desfilar decenas, cientos o incluso millares de agentes, que seguirán fidedignamente la conducta especificada por el programador del modelo. Es la salida cualitativa más importante que puede obtenerse de las simulaciones. Otras salidas cuantitativas (p.ej. archivos de datos) también son posibles a través de la opción Exportar del menú Archivo. Normalmente, a un costado de la Vista suelen haber varios deslizadores, listas de opciones y otros controles que permiten al usuario definir los parámetros iniciales del modelo y botones para iniciar/detener la simulación.

El terminal de instrucciones, en la parte inferior de la interfaz, sirve para ejecutar sentencias de código de una sola línea. Gracias a este terminal el programador puede evaluar «al vuelo» las funciones de la librería NetLogo, obtener algún dato estadístico de la población de agentes y/o añadir, quitar o alterar las propiedades de ciertos agentes, ya sea mientras la simulación está en curso o cuando se encuentra suspendida.

Abajo se muestra cómo se verían cada una de las tres pestañas para un modelo que simula la sincronización de las luciérnagas, un fenómeno que se manifiesta con frecuencia en los manglares del sudeste asiático, donde suelen verse millares de estos insectos encenderse y apagarse al unísono, como un corazón cuyos latidos de luz iluminan la noche. Sin tener que pagar por los románticos cruceros que nos pasean por esos fantásticos lugares, podemos sentarnos frente al computador y ejecutar el modelo mostrado abajo para disfrutar del mismo fenómeno en su versión virtual.

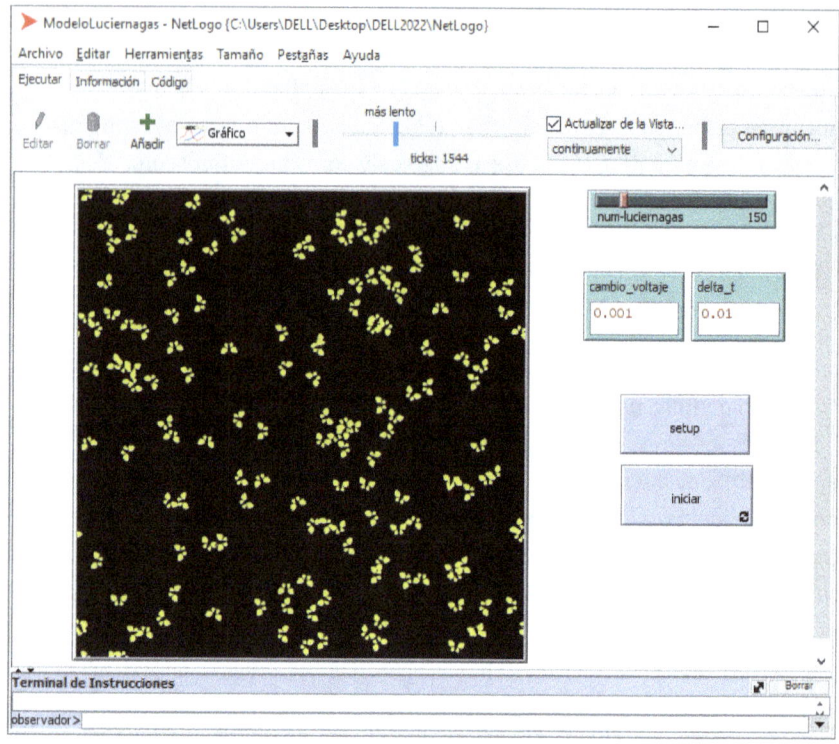

Pestaña de Ejecución

En este caso la pestaña de Ejecución posee una interfaz con varios controles: un deslizador con el que el usuario puede elegir el número de luciérnagas que incluirá en sus simulaciones, dos cajas de texto en las que introducirá ciertos parámetros que requiere el modelo y dos botones para iniciar y detener la simulación. Existen más controles, como listas de opciones, casillas de verificación, gráficos estadísticos, etc., que uno podría añadir según las necesidades del modelo. Note también que la Vista ya no aparece vacía. Ahora nos muestra el momento exacto donde varias luciérnagas coinciden en sus destellos. No siempre se alcanza este nivel de sincronización. Solo se logra para ciertos parámetros y luego de transcurridas varias iteraciones.

En cuanto a las otras dos pestañas, Información y Código, cada una nos remite a un editor de texto.

En la pestaña de Información podemos escribir en lenguaje plano las observaciones, comentarios, bibliografía y otros datos que consideremos relevantes para los usuarios. En el ejemplo mostrado se ha registrado una descripción general del modelo, de sus parámetros, y de los valores que se usaron para estos en las simulaciones de prueba.

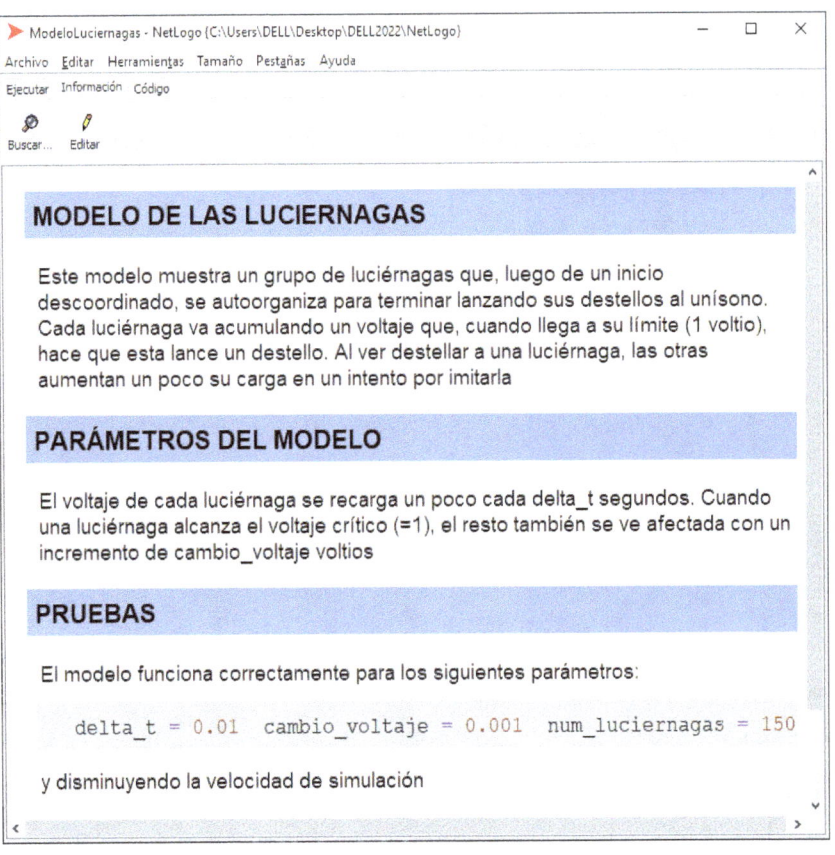

Pestaña de Información

Finalmente, la pestaña de Código es donde se implementa la funcionalidad del modelo. Aquí se define el comportamiento de los agentes mediante una serie de variables y funciones escritas en el lenguaje de NetLogo. El editor de código incluye resaltador de palabras, buscador de funciones y verificador de sintaxis.

```
turtles-own [voltaje fase]

to espera-y-recarga
  set color orange            ; color normal del bicho
  ifelse voltaje < 1 [
    set fase fase + delta_t
    set voltaje f(fase)
  ][
    set color yellow          ; color durante el destello
    set fase 0
    set voltaje 0
    ask other turtles with [voltaje > 0 and voltaje < 1]
    [ set voltaje voltaje + cambio_voltaje
      set fase fase + cambio_voltaje / df (fase)
    ]
  ]
end

to setup   ; ejecutado desde un botón
  clear-all
```

Pestaña de Código

Roles en NetLogo

La construcción de modelos multiagente con NetLogo es una actividad multidisciplinaria, que involucra la participación de distintos tipos de personas. Es conveniente por ello distinguir los roles que participan en el proceso de modelamiento. No vaya a creerse que cada rol restringe la labor de una persona a ciertas tareas preestablecidas. En realidad, una misma persona puede abarcar varios roles y un mismo rol puede ser ejecutado por varias personas.

El *experto* sabe quiénes son los agentes relevantes del fenómeno que se desea modelar. Es un especialista que conoce las pautas normales de comportamiento de cada agente y cómo estas se alteran cuando cambian las condiciones del medio en que vive. Puede ser un mirmecólogo si lo que se desea es modelar cómo las hormigas construyen sus nidos; o un epidemiólogo, si se desea modelar cómo se expande un virus de alto contagio cuando la movilidad de las personas es libre y/o está limitada; o un historiador, si se quiere evaluar nuevas hipótesis sobre la misteriosa desaparición de la cultura Maya. El valioso conocimiento de los expertos debe ser codificado en un lenguaje de programación.

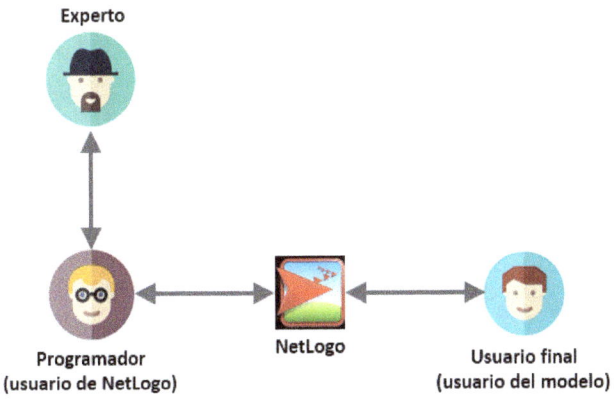

Roles en NetLogo

El *programador* es aquel que codifica el comportamiento de los agentes. Traduce las indicaciones de los expertos al lenguaje NetLogo. Su trabajo transcurre principalmente entre las pestañas de Ejecución y la de Código. En la primera construye la interfaz del modelo, i.e. los botones que el usuario final deberá presionar y los controles que deberá calibrar al inicio de cada simulación. En la segunda escribe el código fuente que describe la conducta de los agentes y que será ejecutado cuando el usuario final presione tal o cual botón de la interfaz.

El *usuario final* se concentra principalmente en la interfaz del modelo, no tiene ninguna razón para abandonar la pestaña de Ejecución. Desde aquí observará cómo evoluciona el sistema implementado por el programador. Como un piloto que controla el curso de un avión mediante una serie de botones y perillas, el usuario final tiene a su disposición un conjunto de calibradores virtuales que le permiten modificar los parámetros iniciales del modelo en cada simulación, con la esperanza de poder determinar con qué parametros el fenómeno modelado se desenvuelve con mayor realismo. El usuario final podría ser un estudiante de escuela, que probablemente se conformará con el deleite visual producido por el avistamiento del fenómeno modelado; o podría ser un científico o especialista quien, en su deseo de encontrar correlaciones numéricas entre los parámetros del sistema y ciertos aspectos de su comportamiento, utiliza NetLogo para exportar datos que posteriormente son analizados con otras herramientas y técnicas, fuera de NetLogo.

Agentes

La palabra «agente» proviene del latín *agens*, que puede traducirse como: «algo que actúa». En lo que respecta a este libro, un agente es una entidad virtual que hace algo. Entre sus características típicas podemos enumerar las siguientes:

i. Autonomía: El estado interno de un agente solo puede ser modificado por el mismo agente, no desde afuera, desde otros agentes.
ii. Sociabilidad: El agente debe ser capaz de comunicarse con otros agentes, de su mismo tipo y de otros tipos.
iii. Reactividad: El agente tiene la capacidad de responder a los eventos que ocurren en su entorno.
iv. Proactividad: El agente tiene un propósito, persigue un objetivo.

En NetLogo existen cuatro tipos de agentes:

- La **tortuga**. Este agente posee capacidad de desplazamiento. Se le llama tortuga por razones históricas, por haber sido esta la mascota del lenguaje primigenio LOGO; pero, a pesar de su nombre, puede ser usada para modelar una molécula de gas, una persona, un vehículo, la sucursal de una compañía, etc. Su rango de acción es tan amplio como la imaginación del programador que codifica su comportamiento.

- La **parcela**. En NetLogo las tortugas caminan sobre un piso de losetas cuadrangulares. Cada loseta se llama parcela. A diferencia de las tortugas, las parcelas no se mueven, son agentes estacionarios. Las parcelas «actúan» cuando, por ejemplo, representan un terreno en el que florecen y mueren ciertos arbustos.

- **El enlace.** Gráficamente se representa como una línea entre dos tortugas. Puede representar una relación abstracta de amistad o parentesco o un lazo físico, p.ej. una cuerda o un cable de red. Este agente no es tan autónomo como los anteriores dado que su existencia requiere un par de tortugas que usará como vértices. Entre las cosas que puede «hacer» este agente se incluyen: alterar su propia visibilidad, acercar y/o alejar a sus tortugas-vértice, entre otras tareas.

- **El observador.** A diferencia de los otros agentes solo puede haber un observador en cada simulación. Podría considerársele como el gestor de la simulación. Suele envíar solicitudes a las tortugas, parcelas y/o enlaces pidiéndoles que hagan tal o cual cosa. Adicionalmente, está capacitado para ciertas tareas que los demás agentes no pueden hacer como, por ejemplo, detener y reiniciar el tiempo de simulación.

¿Cómo está organizado el resto del libro?

Este libro está dividido en dos partes. La primera describe la herramienta NetLogo; la segunda expone algunas de sus aplicaciones en el campo de la Ciencia de la Complejidad.

El estudio de NetLogo cubre la sintaxis del lenguaje (primitivas, procedimientos y reporteros), sus conceptos de programación subyacentes (conjunto-agente, listas, razas) y la funcionalidad del entorno (controles de interfaz, modelador de sistemas dinámicos, uso de librerías de sonido y vídeo, etc.).

En la segunda parte se discuten e implementan aplicaciones como hormigas artificiales, tur-mitas, autómatas celulares, bucle de Langton, redes neuronales, algoritmos genéticos, sistemas L, entre otras. Todas estas exploran los fenómenos emergentes que surgen de la interacción multiagente. Este tipo de fenómenos son de gran interés para la Ciencia de la Complejidad.

CAPÍTULO II

EL AGENTE TORTUGA

Algún día, la tortuga aprenderá a volar
Terry Pratchett

Las tortugas suelen ser los protagonistas de las simulaciones en NetLogo. Son los únicos agentes que gozan de movilidad. Pueden caminar, saltar, hacia adelante o hacia atrás, desaparecer en un punto y aparecer en otro distinto en cualquier momento de la simulación. Además poseen sensores que les permiten percibir las características del piso sobre el que caminan y detectar a otras tortugas durante sus desplazamientos.

El nombre de «tortugas» se sigue utilizando para respetar la larga tradición del lenguaje LOGO y la memoria de su primigenea tortuga-robot; pero, en realidad, las tortugas podrían usarse para representar cualquier objeto móvil e interactuante, como, por ejemplo, una molécula de gas, una luciérnaga, un zorro, un vehículo, una persona, etc. La multiplicidad de formas y funcionalidades que podrían adquirir las tortugas nos permiten modelar fenómenos de distinta naturaleza.

Mi primera tortuga

Para crear nuestra primera tortuga debemos ejecutar `create-turtles 1` en el Terminal de Instrucciones y presionar la tecla ENTER. La interfaz debería tomar el siguiente aspecto:

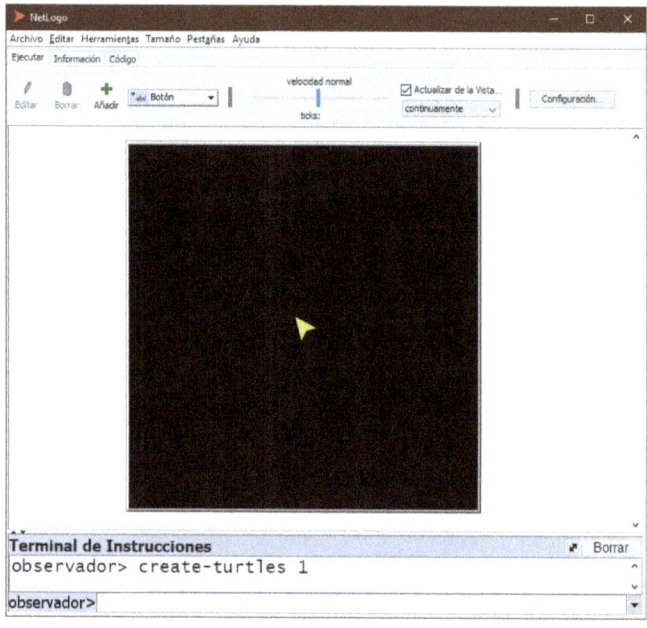

Creación de una tortuga desde el Terminal de Instrucciones

Ha aparecido un agente en el centro de la pantalla, de color amarillo, según el gráfico anterior. ¡Esa es nuestra primera tortuga!

No es difícil prever la decepción que sentirá lector al notar que aquella figura en el centro de la interfaz no se parece en nada a una tortuga. Más bien parece una cabeza de flecha y, de hecho, así es. Por defecto, todas las tortugas que creamos aparecerán con esa forma, en el centro de la pantalla, como una cabeza de flecha apuntando en una dirección aleatoria. Pero esto puede remediarse fácilmente. Cada tortuga tiene asociadas una serie de **variables** que pueden ser manipuladas para alterar su tamaño, color, aspecto, dirección y la posición inicial que adquieren por defecto.

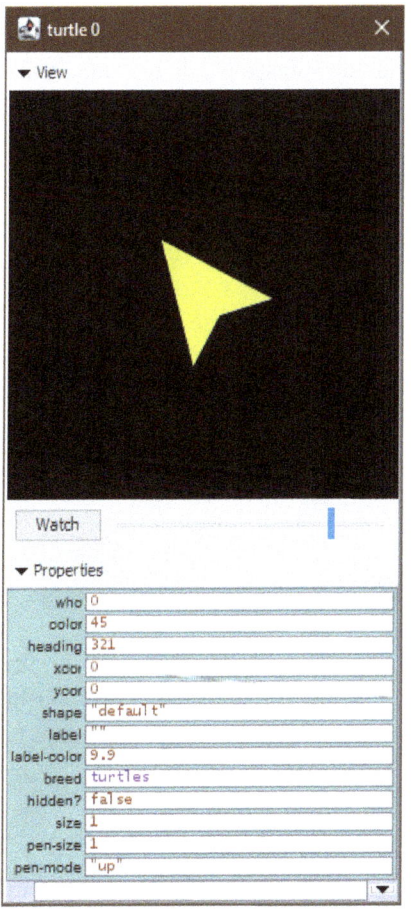

La forma más fácil de acceder a las variables de una tortuga, ya sea para conocer sus valores o para modificarlos, es a través del Monitor de Tortugas, ubicado en el menú Herramientas.

Como se observa en el gráfico adjunto, el Monitor de Tortugas muestra una lista de variables con sus valores respectivos. Todas las tortugas poseen las mismas variables; pero se diferencian por los valores almacenados en las mismas. Los valores mostrados en el gráfico son los valores por defecto que NetLogo ha asignado a nuestra primera tortuga.

La variable who es un identificador, el número de identidad de cada tortuga. Empieza en cero y se incrementa de uno en uno para cada tortuga que se añade a las simulaciones. heading es un ángulo (sexagesimal) que define la orientación de la tortuga; xcor y ycor determinan la posición de la tortuga; color, su color; shape, su aspecto; size, su tamaño; y breed, su raza.

Las tortugas pueden cargar mensajes adheridos a sus espaldas. El contenido y color de los mismos se define con label y label-color, respectivamente. También pueden hacerse invisibles. Para esto solo se necesita cambiar el valor de la variable hidden? Las variables pen-mode y pen-size sirven para configurar si las tortugas deberían dejar sus rastros sobre el piso al caminar o no, y el grosor de los mismos en caso que así sea.

15

El lector puede modificar estas propiedades directamente en las cajas de texto respectivas y ver cómo se reflejan los cambios en su primera tortuga.

También existe una segunda manera, mucho más eficiente, de acceder a las variables de tortuga: mediante código de programación. Mientras el Monitor de Tortugas permite modificar las variables de una sola tortuga, con unas pocas líneas de código se puede modificar las variables de toda una población de quelonios. Dado que nuestras simulaciones normalmente incluirán decenas, cientos o incluso miles de tortugas, es indispensable que aprendamos a escribir código de programación.

Para acceder a las variables de nuestra primera tortuga mediante código escribamos las tres instrucciones siguientes en el Terminal de Instrucciones:

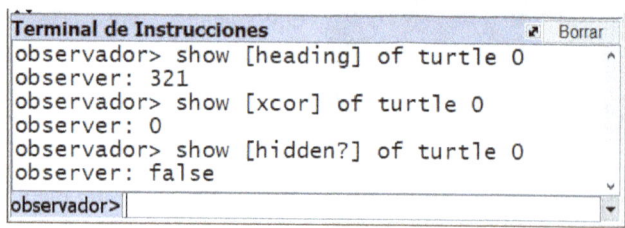

Note que el Terminal retorna 321, 0 y false como salidas. Estos son los mismos valores que vimos anteriormente en el Monitor de Tortugas para las variables heading, xcor y hidden?, respectivamente.

En cuanto a esas palabras raras y repetitivas que aparecen en las tres sentencias anteriores, la palabra reservada turtle seguida de un número N sirve para referirse a una tortuga específica, aquella cuyo identificador coincide con el número, i.e. cuya variable who es igual a N. Así, turtle 0 se refiere a nuestra primera (y, por el momento, única) tortuga.

La palabra reservada of se usa para referirse a una variable específica de una tortuga específica. Así pues, [heading] of turtle 0 se refiere al valor que tiene la variable heading en la tortuga turtle 0. La sintaxis del lenguaje nos obliga a encerrar las variables de tortuga entre corchetes cada vez que tengamos que solicitar sus valores mediante la palabra reservada of.

Finalmente, show imprime el resultado de una expresión. Así como show 3 + 5 imprimiría 8, show [heading] of turtle 0 imprimirá la orientación de nuestra primera tortuga.

Ahora que ya vimos cómo leer variables de tortuga, pasemos a estudiar cómo podemos modificarlas por medio de código. Para ello ingrese una por una las siguientes sentencias en el Terminal de Instrucciones. Cada sentencia modificará una característica de la tortuga.

```
observador> ask turtles [set shape "turtle"]
observador> ask turtles [set color red]
observador> ask turtles [set size 4]
observador> ask turtles [set heading 0]
observador> ask turtles [set xcor -10]
observador> ask turtles [set ycor 5]
```

Antes de explicar el significado particular de cada sentencia conviene explicar la forma en que NetLogo ha implementado el paradigma orientado a agentes. En NetLogo ni siquiera el programador puede modificar directamente las variables de una tortuga. Se les tiene que pedir a las tortugas que ellas mismas cambien los valores de sus variables. La sentencia ask turtles, que se repite en todas las líneas anteriores, sirve justamente para solicitarles a las tortugas que hagan «algo». Los corchetes que siguen a ask turtles encierran ese «algo» que las tortugas deberán hacer.

El repertorio de acciones disponibles para cada tortuga es extenso. Las tortugas pueden caminar, saltar, dibujar, comer, parir, morir y hacer muchas cosas más. Por ahora solo queremos que las tortugas cambien el valor de sus variables. Esto se logra usando la palabra reservada set.

La sentencia ask turtles [set shape "turtle"] envía una solicitud a todas las tortugas del modelo. Cada una recibirá la solicitud y ejecutará la instrucción: set shape "turtle". Al hacerlo dejarán su forma original de flecha y adquirirán aspecto de tortugas. Dado que tenemos una única tortuga en el modelo, también se pudo canalizar la solicitud directamente hacia esta ejecutando: `ask turtle 0 [set shape "turtle"]`.

El programador siempre debe asumir que las tortugas atienden las solicitudes recibidas simultáneamente (aunque en realidad no es exactamente así).

Además de la tradicional tortuga, los agentes de NetLogo pueden adoptar muchas otras formas distintas. Algunas de estas se muestran abajo:

Algunas formas que podría adoptar un agente por medio de su propiedad `shape`

La lista completa de formas puede obtenerse ejecutando `show shapes` en el Terminal de Instrucciones.

La segunda línea, i.e. `ask turtles [set color red]`, hace que las tortugas se tiñan de rojo. También pudo utilizarse el número 15 en lugar de `red`. Tal como se muestra abajo, NetLogo maneja catorce colores principales (aparte de blanco y negro), cada uno representado por un número que siempre acaba con el dígito 5. El resto de números representan una variación de algún color primario. Por ejemplo, el amarillo «perfecto» es representado por el número 45; los amarillos más oscuros, por números en el rango 40-44.9; y los más claros oscilan entre 45.1 y 49.9. Por defecto, el color de las tortugas es aleatorio.

La tercera línea, i.e. `ask turtles [set size 4]`, hace que las tortugas cuadrupliquen su tamaño por defecto, que es 1. También es posible reducir el tamaño inicial de las tortugas asignando números decimales menores que la unidad a la variable `size`.

La sentencia `ask turtles [set heading 0]` hace que las tortugas dirijan la mirada hacia arriba; es decir, a 0° del eje vertical en sentido horario, que es la referencia que utiliza NetLogo para referirse a los ángulos. A manera de ilustración, set heading 90 haría que las tortugas dirijan la mirada a la derecha; set heading 180, hacia abajo; set heading 390, hacia arriba y ligeramente a la derecha, a 30° del eje vertical; set heading -45 en dirección noroeste; etc. La orientación de las tortugas es una característica importante de casi todos los modelos de simulación porque estos agentes siempre caminan hacia adelante, en la dirección que apunta su cabeza.

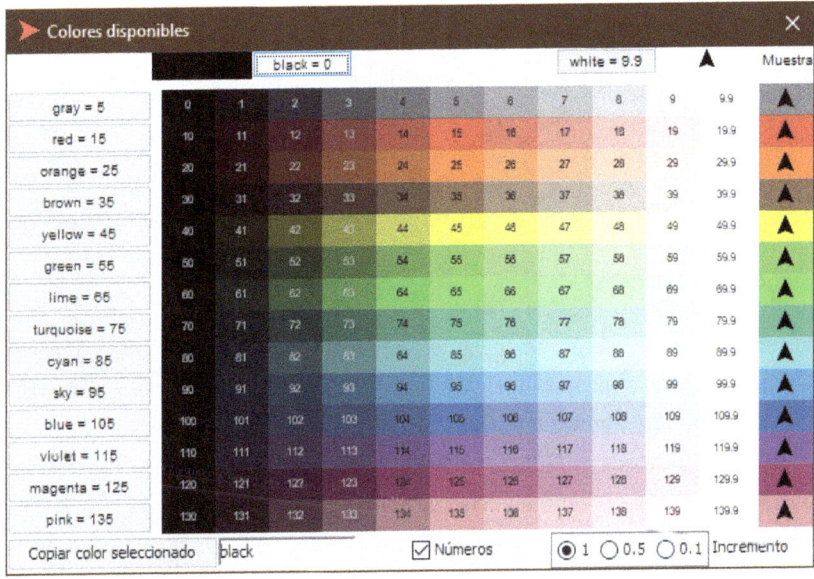

Muestras de Colores Disponibles en NetLogo

Las dos últimas sentencias hacen que las tortugas alteren su posición inicial y se muevan al punto (-10, 5). Teniendo en cuenta que el centro de la Vista es considerado como el punto (0, 0), el punto (-10, 5) estaría 10 parcelas a la izquierda y 5 parcelas arriba del centro.

El efecto conjunto de las seis sentencias anteriores también pudo obtenerse ejecutando una única instrucción:

```
observador> ask turtles [ set shape "turtle"
                          set color red
                          set size 4
                          set heading 0
                          setxy -10 5]
```

en el Terminal de Instrucciones, con el prompt en modo observador.

De lo anterior se colige que es posible incluir varias instrucciones dentro de una misma solicitud. En dicho caso, cada tortuga ejecutará las instrucciones una por una, en el orden en que fueron declaradas. Las asignaciones `set xcor -10` y `set ycor 5` pueden fusionarse en una sola, con `setxy -10 5`.

Creando más tortugas

Es posible incluir varias tortugas en nuestras simulaciones. Para crearlas debemos invocar al procedimiento `create-turtles` usando un número N arbitrario como parámetro en lugar del número 1 usado en el ejemplo anterior. En este hipotético caso, N tortugas aparecerían en el centro de la Vista, una encima de otra, mirando en diversas direcciones.

Dado que no siempre será conveniente empezar una simulación con todas las tortugas sobrepuestas, es importante saber cómo esparcirlas a lo largo y ancho de la Vista. Para ello podríamos ejecutar las siguientes instrucciones:

```
observador> clear-all
observador> ask patches [set pcolor white]
observador> create-turtles 20
observador> ask turtles [set shape "turtle"]
observador> ask turtles [setxy random-xcor random-ycor]
```

La sentencia `clear-all` borra las tortugas de la simulación anterior y limpia la Vista para empezar una nueva simulación.

La sentencia `ask patches [set pcolor white]` pinta cada parcela que compone la Vista de color blanco. Así como ocurría con las tortugas, también tenemos que enviarles solicitudes a las parcelas para que cambien de color.

La tercera línea, i.e. `create-turtles 20`, crea 20 tortugas que inicialmente estarán sobrepuestas en (0, 0). También puede usarse `crt` como abreviatura de `create-turtles` y `ca` en lugar de `clear-all`.

Como ya se comentó antes, la cuarta línea cambia el aspecto de los agentes.

Finalmente, la última línea, `setxy random-xcor random-ycor`, hace que las tortugas se muevan a una posición aleatoria de la pantalla. Así aprovechan todo el espacio disponible y dejan de estar apiñadas.

Veinte tortugas en posiciones aleatorias sobre un lienzo blanco

También pudo usarse `setxy random-pxcor random-pycor` en la última línea. La sutil diferencia es que en este último caso las tortugas ya no se ubicarían en cualquier posición aleatoria de la pantalla, sino que siempre se estarían en el centro de alguna parcela elegida al azar.

La sintaxis de NetLogo permite asignar valores a las variables de tortuga al momento de su creación. Para ello, las asignaciones deben especificarse dentro de corchetes y a continuación de `create-turtles`. Por ejemplo, las últimas tres sentencias anteriores pudieron fusionarse en una sola:

```
observador> create-turtles 20 [set shape "turtle"
                               setxy random-xcor random-ycor]
```

 Las variables `min-pxcor` y `max-pxcor` contienen los valores máximo y mínimo del eje horizontal, i.e. su rango. Análogamente, `min-pycor` y `max-pycor` permiten conocer los límites del eje Y.

¡Muévanse!

En casi todas las simulaciones interesantes las tortugas se mueven sobre la Vista. Durante estas travesías interactúan entre ellas y con el entorno produciendo a veces interesantes patrones de comportamiento colectivo que habrían sido difíciles de prever de antemano.

Los comandos `forward` y `back` hacen que cada tortuga se mueva hacia adelante o hacia atrás, respectivamente. También disponemos de los comandos `left` y `right` para hacer que las tortugas giren cierto ángulo hacia la izquierda o derecha, alterando así sus rumbos.

Asumiendo que tenemos una Vista vacía, las siguientes sentencias crean una tortuga que camina sobre un cuadrado imaginario cuyo vértice superior izquierdo coincide con el centro de la pantalla.

```
observador> crt 1 [set shape "turtle" set heading 0]
observador> ask turtles [right 90 forward 5]
observador> ask turtles [right 90 forward 5]
observador> ask turtles [right 90 forward 5]
observador> ask turtles [right 90 forward 5]
```

La primera sentencia crea una tortuga que apunta (con su cabeza) hacia arriba. Las últimas cuatro sentencias son iguales y, por ende, hacen lo mismo: Primero hacen girar a la tortuga 90° grados a la derecha (right 90) con respecto a su orientación actual, y luego le hacen dar 5 pasos hacia adelante (forward 5). Cada una de las cuatro sentencias ask turtles hace caminar a la tortuga sobre uno de los cuatro lados del cuadrado imaginario antes mencionado. Luego de ejecutar estas instrucciones la tortuga termina en su posición inicial.

Para tener una prueba incontrastable de que las tortugas han desfilado sobre un cuadrado imaginario podemos habilitarlas para que dejen marcadas sus trayectorias. Para ello debemos ejecutar: ask turtles [pen-down], justo antes que las tortugas empiecen a desplazarse. Esto equivale a pedirles a las tortugas que afiancen sus lápices sobre el piso de modo que cada movimiento que hagan quedará marcado. Si posteriormente quisiéramos que las tortugas dejasen de ensuciar la Vista con sus rastros, solo tendríamos que pedirles que levanten sus lápices, ejecutando para ello: ask turtles [pen-up].

De manera similar, back hace caminar a las tortugas en reversa, hacia atrás; y left las hace girar cierto número de grados hacia la izquierda.

 fd, bk, lt y rt son abreviaturas de forward, back, left y right, respectivamente. Controlan el movimiento y la orientación de las tortugas.

Abajo se muestran los rastros de dos tortugas que inicialmente estaban mirando una hacia arriba (la celeste) y otra a 30° en dirección noroeste (la rosada). Note que el rastro dejado por las tortugas siempre coincide con el color de las mismas.

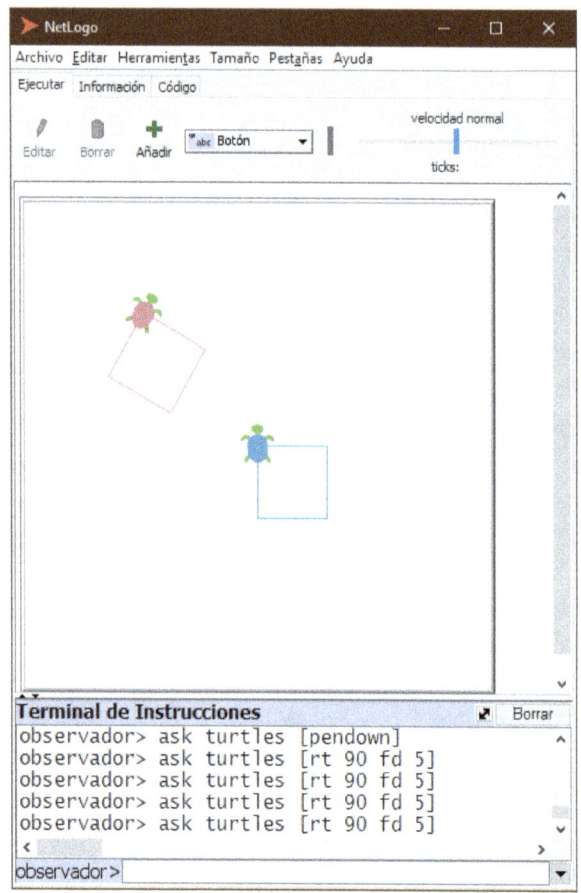

Dos tortugas marcando sus trayectorias cuadrangulares

Las tortugas también pueden moverse con `jump`. Mientras que una instrucción como `fd 10` hace que una tortuga avance 10 pasitos, de uno en uno, `jump 10` la hace saltar directamente una distancia equivalente a 10 pasos. Para poder notar la diferencia entre ambos comandos debe ejecutarlos reduciendo la velocidad de simulación al mínimo. De lo contrario, los 10 pasitos serán imperceptibles para el ojo humano y se ejecutarán tan rápido que el lector podría creer que `fd` y `jump` hacen lo mismo. La velocidad de simulación se regula usando un deslizador ubicado en la barra de herramientas.

Por defecto, ya sea que se use fd o jump, cada vez que una tortuga sobrepasa el extremo derecho de la Vista aparece por el extremo izquierdo, a la misma altura, como si los bordes que delimitan la Vista estuvieran conectados. Algo análogo ocurre cuando sobrepasa el borde superior/inferior de la Vista. En un capítulo posterior veremos cómo cambiar esta característica por defecto.

 pd, pendown y pen-down son equivalentes. Lo mismo ocurre con pu, penup y pen-up. Estos comandos determinan si las tortugas dejarán sus rastros en el piso o no.

Nacido para morir

El nacimiento de nuevos agentes y la muerte de otros existentes son características intrínsecas de casi cualquier ecosistema que se desee modelar. La sentencia hatch nos permite implementar lo primero. Hace que una tortuga procree otras más. Las tortugas bebé ingresarán a la simulación teniendo exactamente las mismas propiedades que su padre, el mismo valor en todas sus variables, excepto en el identificador who. hatch requiere dos parámetros: El primero indica cuántas tortugas «nacerán»; el segundo es una lista con los comandos que han de ejecutar las tortugas nuevas apenas hagan su ingreso al micromundo virtual.

Por ejemplo, si ejecutásemos el siguiente comando en un contexto de observador, obtendríamos seis crias para cada tortuga existente.

```
observador> ask turtles [hatch 6 [set size 0.5
                       set heading random 360
                       fd 1.5]]
```

El comando `hatch 6` es el responsable de los nuevos nacimientos. Por defecto, cada cría nacerá con el mismo color, tamaño, orientación, posición, etc. de su padre.

El código anterior hace que las crias sean más pequeñas de lo normal (`set size 0.5`) y que nazcan mirando en distintas direcciones (`set heading random 360`) para que así, al dar sus primeros pasitos (`fd 1.5`), puedan quedar listas para una tierna fotografía familiar, como la que se muestra en la figura de al lado.

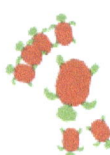

Note que `fd` y `size` no solo aceptan números enteros como parámetros sino también números reales.

En el extremo opuesto de la vida, el momento final de las tortugas llega cuando ejecutan el comando `die`. Por ejemplo, con `ask turtle 0 [die]` morirá la primera tortuga, con `ask turtles with [size = 0.5] [die]` morirán las tortugas pequeñas, con `ask turtles [die]` morirán todas, etc. Las tortugas muertas desaparecen para siempre de la simulación; sus identificadores no vuelven a ser asignados a otras tortugas nuevas. Si se desea aniquilar a todas las tortugas y hacer que los identificadores (`who`) de las nuevas se reinicien y empiecen nuevamente desde cero debe ejecutar: `clear-turtles`.

CAPÍTULO III

EL LENGUAJE NETLOGO

Solo hay mundo donde hay lenguaje

Martin Heidegger

Como ya vimos anteriormente, es posible hacer pequeños cambios en el estado de los agentes ejecutando comandos en el terminal de instrucciones. Pero, desde un punto de vista práctico, sería imposible ejecutar una simulación compleja, con cientos de agentes, lanzando un sinnúmero de instrucciones, una por una, desde el terminal. Todo modelo no trivial incorpora una serie de subrutinas que describen el fenómeno a simular en términos de lo que hace cada agente. Las subrutinas se escriben en la pestaña de Código en un lenguaje de programación especializado cuya sintaxis revisaremos en este capítulo.

NetLogo nos permite definir subrutinas que retornan valores a la función llamadora y otras que no retornan nada. Las primeras se conocen como **procedimientos de reportero**; las segundas, como **procedimientos de instrucciones**. Ambas constan de sentencias agrupadas bajo un nombre único, pero difieren sintácticamente por la forma de su definición y por la manera en que son invocadas. Aparte de los procedimientos definidos por el programador, NetLogo ya viene incorporado con subrutinas predefinidas denominadas **primitivas**.

Procedimientos de instrucciones

Podemos escribir un procedimiento para inicializar el escenario de simulación, i.e. para definir cuántos agentes participarán, su aspecto, posición inicial, etc. El código requerido se muestra abajo.

```
to inicializar-micromundo
   clear-all
   ask patches [set pcolor white]
   crt 15 [set shape "turtle"
           setxy random-xcor random-ycor]
end
```

El procedimiento se llama `inicializar-micromundo`. No es problemático que el nombre del procedimiento incluya guiones. NetLogo utiliza guiones en varias palabras reservadas, p.ej. `random-xcor`, `pen-up`, `patch-here`, etc.

El nombre del procedimiento debe ir precedido de la palabra reservada `to`. Ambos conforman la **cabecera** del procedimiento. El código que le sigue debajo es el **cuerpo**, un conjunto de instrucciones que serán ejecutadas cada vez que el procedimiento sea invocado. La palabra `end` señala el fin del cuerpo; no es una instrucción, sino un delimitador.

El procedimiento anterior elimina todos los agentes que hayan sobrevivido a una simulación previa y limpia los rastros que hayan podido dejar (`clear-all`), pinta las parcelas de blanco (`set pcolor white`), y dibuja quince tortugas (`crt 15`) en posiciones aleatorias.

Para invocar el procedimiento mostrado arriba podemos ir al Terminal de Instrucciones y escribir `inicializar-micromundo`. Tal como se muestra abajo, aparecerán 15 tortugas en posiciones aleatorias sobre un micromundo que ha sido previamente «blanqueado».

Si le incomoda la arbitrariedad y prefiere que el número de agentes y la forma que estos adopten sean especificados desde el Terminal del Instrucciones y no dentro del código, se puede actualizar la cabecera de inicializar-micromundo para que acepte **parámetros**. Debajo mostramos una versión más flexible del procedimiento inicializar-micromundo.

```
to inicializar-micromundo [N forma]
  clear-all
  ask patches [set pcolor white]
  crt N [set shape forma setxy random-xcor random-ycor]
end
```

Ahora el número de tortugas que se creará ya no será siempre 15; sino, en general, N, un valor que podría cambiar en cada invocación. Lo mismo puede decirse del aspecto de los agentes; ya no tendrán que lucir necesariamente como tortugas, sino que ahora podrán adoptar cualquier forma que se haya especificado al momento de invocar a inicializar-micromundo.

Invocando inicializar-micromundo sin parámetros

Invocando inicializar-micromundo con dos parámetros, 80 y «person»

La lista [N forma] que sigue al nombre del procedimiento se denomina lista de parámetros. Cada parámetro adquiere un valor específico en cada invocación. Si, por ejemplo, invocamos inicializar-micromundo 80 "person" desde el terminal, el parámetro N tomará el valor de 80, y forma será asignado con la cadena "person". Esto causará que la instrucción genérica crt N [set shape forma setxy random-xcor random-ycor] se interprete como: crt 80 [set shape "person" setxy random-xcor random-ycor].

El procedimiento inicializar-micromundo fue diseñado para que sea ejecutado por el observador, no por las tortugas. Pero también es posible definir procedimientos para las tortugas.

Para probar lo anterior regresemos a la pestaña de Código y agreguemos el procedimiento dibuja-cuadrado [L] mostrado abajo. Todas las tortugas que ejecuten este procedimiento terminarán dibujando un cuadrado a partir de su posición y orientación iniciales. Los lados del cuadrado serán de longitud L.

```
to inicializar-micromundo [N forma]
    clear-all
    ask patches [set pcolor white]
    crt N [set shape forma
           setxy random-xcor random-ycor]
end

to dibuja-cuadrado [L]
    pendown
    set pen-size 2
    repeat 4 [rt 90 fd L]
    penup
end
```

Dos procedimientos de instrucciones que usan parámetros

Tal como se deduce de la figura mostrada arriba, la pestaña de código puede incluir varios procedimientos. Sintácticamente, no hay nada que indique qué procedimientos han de ser ejecutados por el observador y cuáles por las tortugas. Es el programador quien debe diseñar sus procedimientos teniendo en mente quién será el agente ejecutor.

Respecto al código anterior, el procedimiento `dibuja-cuadrado` contiene un **bucle** `repeat 4`. Este hace que las instrucciones que se encuentran dentro de los corchetes que le siguen (i.e. `rt 90 fd L`) se repitan 4 veces. En concreto, el bucle hace que la tortuga gire 90° a la derecha, avance `L` unidades, y así cuatro veces, hasta formar un cuadrado. El desplazamiento de la tortuga quedará marcado en el piso porque su lápiz es colocado abajo, en contacto con el piso (`pendown`), justo antes de que esta empiece a moverse. `set pen-size 2` define el grosor del lápiz, es decir, de los trazos que dejarán las tortugas durante su movimiento. Finalmente, `penup`, en la última línea, desactiva el modo `pendown`. Si las tortugas continuaran moviéndose después de ejecutar `dibuja-cuadrado`, ya no dejarían ninguna marca sobre el piso.

En cuanto a la invocación, las dos instrucciones siguientes hacen que 20 tortugas dibujen cada una un cuadrado de 4 unidades de longitud:

```
observador> inicializar-micromundo 20 "turtle"
observador> ask turtles [dibuja-cuadrado 4]
```

El procedimiento `dibuja-cuadrado` es ejecutado independientemente por cada tortuga, a petición del observador. Puede explotarse la independencia que existe entre las tortugas para hacer que cada una invoque a `dibuja-cuadrado` con un parámetro distinto. Esto se logra de la siguiente manera:

```
observador> inicializar-micromundo 20 "turtle"
observador> ask turtles [dibuja-cuadrado 1 + random 10]
```

`random N` retorna un número entero aleatorio entre 0 y `N-1`; `random-float N`, un número decimal positivo menor que `N`.

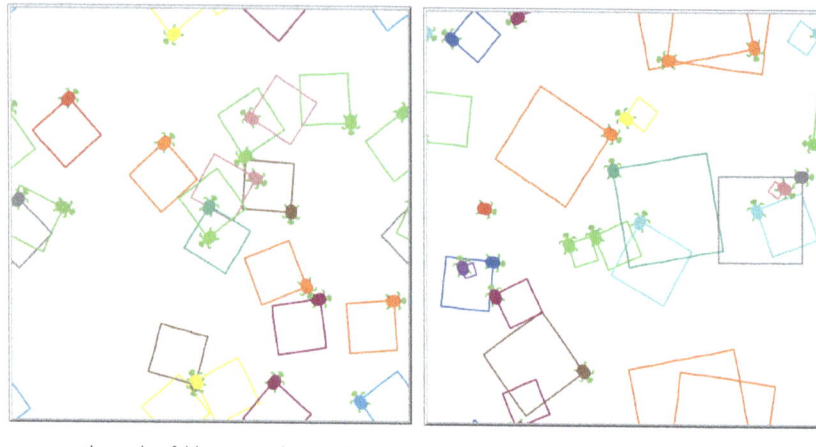

ask turtles [dibuja-cuadrado 4]   ask turtles [dibuja-cuadrado 1+random 10]

A diferencia de la salida inicial ahora vemos 20 cuadrados de distintos tamaños, con lados que oscilan entre 1 y 10 unidades. Para entender el efecto producido por la última solicitud `ask turtles` es válido imaginar que cada tortuga ejecuta el procedimiento `dibuja-cuadrado 1 + random 10` simultánea e independientemente y, por lo tanto, la expresión `1 + random 10` toma distintos valores aleatorios para cada una.

Además del bucle `repeat` también existen `loop` y `while`. En lugar de repetir un bloque de instrucciones un número fijo de veces, `loop` repite infinitamente; y `while`, hasta que una determinada condición sea satisfecha.

El siguiente ejemplo ilustra el uso del bucle `while`:

```
to camina-cerca
  while [distance patch 0 0 <= 5] [
    fd 1
    set heading random 360    ; dirección aleatoria
    wait 0.1                  ; pausa de 100 ms
  ]
end
```

`while` también encierra entre corchetes las instrucciones que deben repetirse. Adicionalmente utiliza otro par de corchetes para encerrar la **condición de parada**. Esta es una expresión lógica cuyo valor de verdad se usa para determinar si debería continuarse ejecutando el bloque de instrucciones o no.

Al invocar `ask turtles [camina-cerca]` las tortugas caminarán aleatoriamente. Cada tortuga terminará su caminata cuando se aleje más de 5 unidades del centro del micromundo, identificado como `patch 0 0`.

El texto que sigue a un punto y coma (p.ej. `pausa de 100ms`) es un **comentario**. Estos sirven para describir lo que hace un fragmento de código, facilitando así su posterior mantenimiento. No tienen ningún efecto en las simulaciones.

La primitiva `wait` establece una pausa entre dos instrucciones consecutivas. En nuestro caso, hará que la tortuga avance un paso cada 100 milisegundos.

Procedimientos de reportero

Un procedimiento de reportero (o, simplemente, reportero) es una subrutina que retorna algún valor a la función llamadora. Este valor puede ser un número, un texto, una lista de colores, una tortuga, etc. Por lo general los reporteros no alteran el aspecto de la Vista, solo se limitan a realizar cálculos cuyos valores son de interés en el entorno desde donde son invocados. Además de los reporteros predefinidos (p.ej. `random`, `random-xcor`, `count`, etc.), también es posible crear nuestros propios reporteros con la siguiente sintaxis:

```
to-report prom [A B]
  report (A + B) / 2
end
```

El reportero `prom` retorna el promedio de dos números A y B pasados como parámetros. Tal como se observa, la cabecera de un reportero comienza con la palabra reservada `to-report` seguida del nombre del reportero y, opcionalmente, una lista de parámetros delimitada por corchetes. El cuerpo del reportero incluye una serie de instrucciones que culminan con la palabra reservada end. La palabra report, usada dentro del cuerpo, sirve para que el reportero retorne un valor al contexto desde donde fue llamado.

El reportero mayor que se muestra abajo retorna el mayor de los dos números pasados como parámetros:

```
to-report mayor [A B]
    ifelse A > B [report A]
                 [report B]
end
```

La palabra reservada ifelse nos permitió definir **sentencias condicionales**. ifelse siempre involucra dos bloques de comandos (entre corchetes) y una condición booleana. Los comandos del primer bloque se ejecutan cuando la condición es verdadera; de lo contrario, se ejecutan los comandos del segundo bloque. En nuestro caso, report A y report B son sentencias condicionales. No se ejecutan siempre; su ejecución depende del valor de verdad de A > B.

El siguiente reportero no retorna un único valor, sino una lista de (dos) valores.

```
to-report coord-pol [x y]
    let r sqrt(x * x + y * y)
    let theta atan y x
    report (list r theta)
end
```

La palabra reservada let se utiliza para definir **variables locales**. Estas son reconocibles únicamente dentro del procedimiento en que son definidas. En nuestro caso, las variables locales r y theta son asignadas con las coordenadas polares de un punto (x, y) pasado como parámetro. Los reporteros sqrt y atan, que devuelven la raiz cuadrada y el arco tangente de un número, están predefinidos en NetLogo, i.e. son primitivas. Los valores r y theta se colocan dentro de una lista antes de ser devueltos al proceso llamador. Esto se logra colocando dichas variables entre los delimitadores (list y).

sin (seno), cos (coseno) y tan (tangente), y sus inversas asin, acos y atan trabajan con ángulos en el sistema sexagesimal.

En el siguiente ejemplo el reportero tortugas-dentro retorna una lista de tortugas, aquellas cuya distancia al centro de la pantalla sea menor que un valor R pasado como parámetro.

```
to-report tortugas-dentro [R]
    report turtles with [xcor * xcor + ycor * ycor <= R * R]
end
```

Abajo se muestran cuatro posibles maneras de invocar los reporteros anteriores.

```
observador> show prom 8 9
observador> show maximo 50 27
observador> show coord-pol 3 4
observador> ask tortugas-dentro 10 [set size 3]
```

La primera sentencia imprime 8.5, el promedio de 8 y 9; la segunda imprime 50, por ser éste mayor que 27; la tercera, la lista [5 53.130102354155], que es el punto cartesiano (3, 4) expresado en coordenadas polares. La cuarta sentencia hace que las tortugas que se encuentren dentro de un círculo centrado en (0, 0) y de 10 unidades de radio modifiquen su tamaño a 3 unidades. En este último caso, la petición set size 3 solo afecta al grupo de tortugas que es retornado desde el reportero tortugas-dentro.

Los reporteros anteriores fueron definidos para un contexto de observador. Pero también podemos definir reporteros de tortuga; es decir, reporteros que han de ser ejecutados por cada tortuga, individualmente, como en el siguiente ejemplo:

```
to-report dame-color
    report ifelse-value size >= 2 [blue][red]
end
```

Al ejecutar:

```
observador> ask turtles [set color dame-color]
```

las tortugas cuyo tamaño sea mayor o igual que 2 unidades se pintarán de azul; el resto, de rojo.

Note que la invocación de `dame-color` se realiza dentro de `ask turtles`, es decir, en un contexto de tortuga. También se pudo ir al Terminal de Instrucciones y cambiar manualmente el contexto para luego ejecutar:

```
turtles> set color dame-color
```

obteniendo el mismo resultado.

Vale mencionar que la primitiva `ifelse-value` no es lo mismo que `ifelse`. La primera se usa para definir un valor que se quiere retornar; la segunda, para definir un grupo de acciones que se debe ejecutar.

Variables globales

Además de las variables locales existen también **variables globales**. Estas pueden ser leídas y modificadas desde cualquier procedimiento de instrucciones y/o reportero. Deben declararse al inicio del código, fuera de todas las funciones, como se muestra abajo:

```
globals [num-tortugas tam-promedio]
to anadir-una-mas
  crt 1
  set num-tortugas num-tortugas + 1
  set tam-promedio mean [size] of turtles
end
```

El procedimiento `anadir-una-mas` mostrado arriba añade una tortuga a la simulación. Puede ejecutarse cuantas veces se desee. Las variables globales `num-tortugas` y `tam-promedio` registran la cantidad y tamaño promedio de toda la población de tortugas.

Las variables globales son inicializadas automáticamente en cero, pero no sería incorrecto hacerlo explícitamente con `set num-tortugas 0`, etc.

Si quisiera definirse un límite para evitar que `anadir-una-mas` termine llenado la Vista con una cantidad indeseablemente alta de agentes, puede usarse la primitiva `stop`, como en la siguiente sentencia:

```
if num-tortugas > 100 [stop]
```

`stop` permite terminar abruptamente la ejecución de un procedimiento. Si se escribiera la sentencia anterior en la primera línea de `anadir-una-mas`, este procedimiento solo podría crear como máximo 100 tortugas (asumiendo que estas solo pueden ser creadas a través de dicho procedimiento). `stop` hace que concluya la ejecución del procedimiento vigente y devuelve el flujo de control a la función llamadora.

Manejo de errores

Otro aspecto que vale conocer cuando se programa es el **control de errores**. Así se evita que los potenciales errores que siempre pululan dentro del código terminen llevando el programa a un estado indeseado. A través de la primitiva carefully el programador puede desviar el flujo de control cuando ocurre un error. Esta primitiva siempre va seguida de dos bloques (carefully[...] [...]). El primero contiene el grupo instrucciones que se debe intentar ejecutar –y que normalmente se ejecutará sin problemas–; el segundo, las instrucciones que son invocadas cuando ocurre algún error en el primer bloque. A modo de ilustración, el procedimiento foo mostrado abajo solicita al usuario que defina un nuevo tamaño para las tortugas. Esto casi siempre funciona, excepto cuando el usuario ingresa un valor negativo.

```
to foo
  let ntam
        read-from-string user-input "Ingrese nuevo tamaño:"
  carefully [
    ask turtles [set size ntam]
    user-message ("Se actualizó el tamaño")
  ] [
        user-message error-message
  ]
end
```

En la primera línea del programa, user-input abre una caja de diálogo mediante la cual el usuario puede ingresar cualquier texto, e.g. "10". Luego, read-from-string convierte dicho texto en un número, e.g. 10, que se almacena en la variable local ntam.

Después que ntam ya ha sido asignada NetLogo cambiará el tamaño de cada tortuga, i.e. [set size ntam], y confirmará el cambio al usuario a través de un mensaje. El único caso donde algo podría salir mal es cuando el usuario ingresa un valor negativo para el nuevo tamaño. El buen programador que implementó foo ya había previsto todo esto y decidió usar el segundo bloque de carefully para informar al usuario del error cometido. error-message contiene la descripción del error, solo puede usarse en el segundo bloque de carefully.

CAPÍTULO IV

INTERFAZ DE USUARIO

Detrás de esta máscara hay algo más que carne.
Debajo de esta máscara hay una idea.

Alan Moore

Las simulaciones basadas en agentes son de interés en áreas tan dispares como la Biología, las Ciencias Sociales, la Filosofía, las Matemáticas, las Artes, entre otras. Nadie espera que los profesionales de estas áreas tengan que ser expertos en programación y estar familiarizados con el desarrollo de software y el paradigma multiagente. Para que los modelos de simulación puedan ser de utilidad para un público multidisciplinario es conveniente que incluyan una interfaz que separe al usuario del código de programación.

La interfaz de un modelo es un tablero de controles. Contiene perillas e interruptores que permiten calibrar los parámetros del modelo, y botones pulsadores que permiten ponerlo en funcionamiento. También incluye una pantalla donde puede apreciarse la dinámica del modelo, cómo interactúan sus agentes componentes durante la simulación. Detrás de la interfaz se encuentra el código fuente. Este consiste de una serie de procedimientos en los que se especifica el comportamiento de los agentes. El código (i) recibe los parámetros que el usuario introduce en la interfaz y (ii) envía datos en tiempo real a visualizadores incrustados en la misma. El usuario solo debería poder manipular y analizar sus modelos a través de la interfaz, quedando así alejado de la complejidad del código fuente y protegido de la tentación de querer modificarlo. Tanto el código fuente como la interfaz del modelo son implementados por el programador. NetLogo nos ofrece una serie componentes gráficos que podemos combinar para diseñar interfaces amigables. En este capítulo estudiaremos cada uno de dichos componentes.

Construyendo mi primera interfaz

A continuación diseñaremos una interfaz desde la que podremos controlar a un grupo de tortugas que deambulan aleatoriamente sobre nuestra pantalla. La interfaz que crearemos le permitirá al usuario especificar el número de tortugas participantes, su aspecto físico y si dejarán rastros o no durante sus caminatas. A través de la misma interfaz el usuario podrá ver la caminata simulada y algunos datos estadísticos obtenidos de la misma.

En la barra de herramientas existe una lista desplegable desde la que arrastraremos los controles necesarios para construir nuestra interfaz.

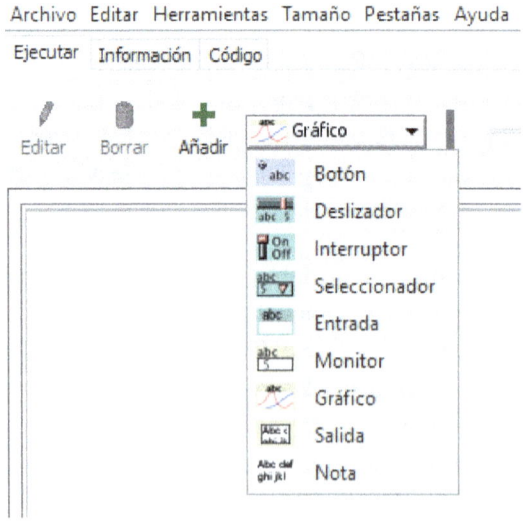

Controles de interfaz

Podemos clasificar estos controles en dos categorías. Los **controles de entrada** permiten al usuario especificar los parámetros del modelo. Pertenecen a este tipo los deslizadores, interruptores, seleccionadores, entradas y botones. Por otro lado, los **controles de salida** informan al usuario lo que ocurre con el modelo durante la simulación. Estos son: monitores, gráficos, salidas y notas. En esta categoría también podemos incluir a la Vista, que siempre está presente y a través de la cual podemos observar a los agentes en acción.

Deslizador

Los deslizadores permiten al usuario asignarles valores a las variables del modelo. Físicamente lucen como barras con un puntero desplazable, como el fiel de una balanza. El usuario debe arrastrar este puntero hacia los lados hasta encontrar el valor exacto que desea introducir.

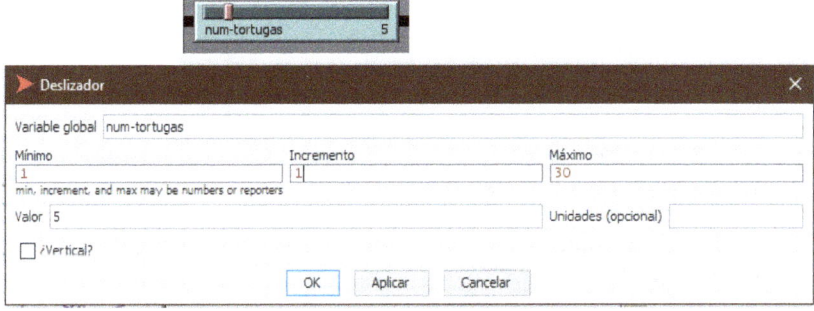

Deslizador para definir el número de tortugas que se incluirá en el modelo

Para el modelo que estamos tratando de implementar crearemos un deslizador de nombre num-tortugas para permitir que el usuario ingrese el número de tortugas que participarán en la simulación. Desde el código podemos conocer el valor señalado en este deslizador a través de su nombre.

Es posible configurar varias características del deslizador mediante el formulario flotante que aparece apenas añadimos este componente. Mínimo y Máximo restringen el rango de valores que podría asignarse a num-tortugas. Incremento define cuánto aumentará el valor actual del deslizador cada vez que damos un clic sobre el mismo. Valor se refiere al valor por defecto que tendrá el deslizador. Unidades es una etiqueta que indica la dimensionalidad del valor repesentado; podría ser «cms», «kgs», «%», etc. El deslizador puede mostrarse horizontal o verticalmente, según lo que se indique en una casilla de verificación.

Seleccionador

Sirven para que el usuario elija una opción de entre varias prestablecidas.

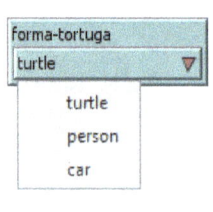
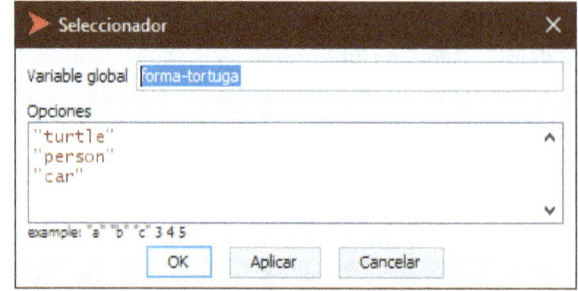

Puede elegirse el aspecto de los agentes a través de un seleccionador

El seleccionador mostrado en el gráfico anterior permitirá que el usuario elija el aspecto que deberán tener los agentes participantes, pues no necesariamente tienen que lucir siempre como tortugas.

Desde el código fuente podemos recuperar el valor seleccionado por el usuario usando el nombre del seleccionador; en nuestro caso, `forma-tortuga`.

Interruptor

Los interruptores están asociados a variables globales booleanas que solo pueden tomar uno de dos valores posibles: verdadero/falso.

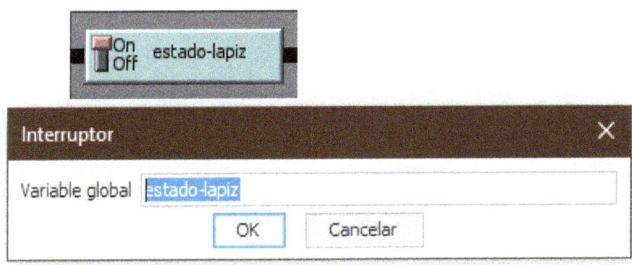

Las tortugas dibujarán en el suelo o no dependiendo del valor de este interruptor

Botón

Estos componentes no están asociados a variables sino a procedimientos. Cada vez que el usuario hace clic en un botón se ejecuta su procedimiento subyacente.

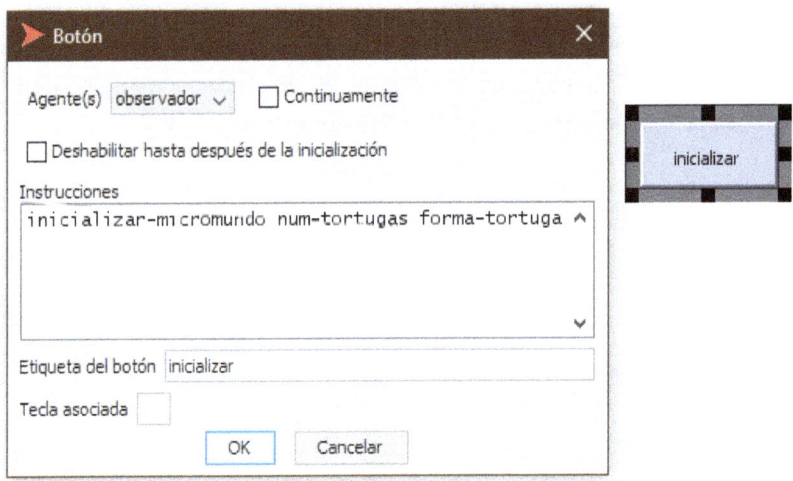

Cada botón está asociado a instrucciones que serán ejecutadas en cada clic

Según lo especificado en la caja de texto Instrucciones del formulario anterior, un clic sobre el botón `inicializar` causará la invocación del procedimiento `inicializar-micromundo`. Dicha invocación incluye los parámetros `num-`

tortugas y forma-tortuga, cuyos valores son obtenidos del deslizador y el seleccionador comentados anteriormente. El citado procedimiento será ejecutado desde el contexto de observador una única vez. Si la casilla de verificación Continuamente hubiese estado marcada, el procedimiento se ejecutaría infinitamente, una vez tras otra, de forma automática. Si se marcase la casilla Deshabilitar hasta después de la inicialización, el botón permanecería deshabilitado hasta que se produzca el primer cambio en la Vista. También es posible asociar una Tecla a cada botón. De ser así, el botón será activado cuando dicha tecla sea presionada, sin necesidad de clics.

El procedimiento inicializar-micromundo es el mismo que vimos en el capítulo anterior.

Monitor

Los monitores sirven para mostrar al usuario el valor en tiempo real de una variable o expresión. En el caso mostrado abajo, el monitor cuya etiqueta es «x de tortuga» ha sido configurado para que despliegue la componente horizontal, xcor, de la primera tortuga, aquella cuyo identificador who es 0.

La salida de un monitor se actualiza automáticamente cada periodo de simulación. La precisión de la salida se define en la caja de texto Núm.Decimales.

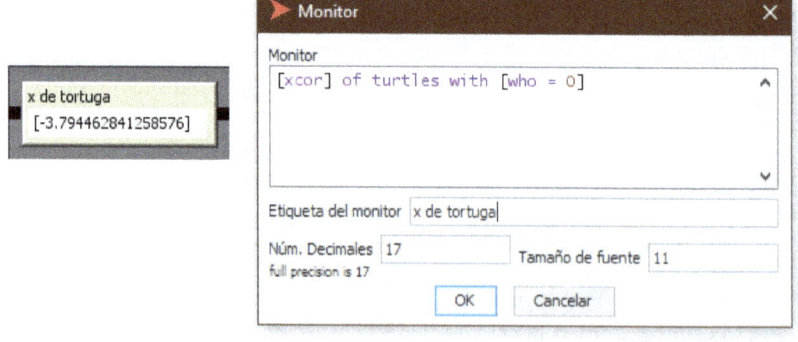

Un monitor que imprime la x-posición de la primera tortuga en tiempo de simulación

Entrada

A diferencia de los deslizadores, interruptores y seleccionadores, el componente de entrada no restringe al usuario a un conjunto discreto de valores. Es una caja de texto que permite ingresar mediante el teclado cualquier valor de relevancia para el modelo.

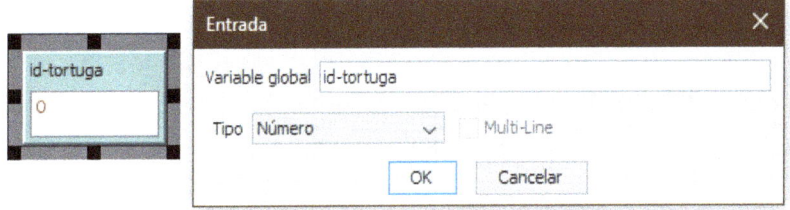

Una caja de entrada en la que se define el identificador de la tortuga a analizar

El control de entrada permite obtener un valor ingresado por el usuario. Por ejemplo, podemos redefinir la fórmula del monitor anterior («x de tortuga») por `[xcor] of turtles with [who = id-tortuga]` para que se despliegue la `x`-posición de la tortuga cuyo identificador ha sido especificado en la caja de entrada, y no la `x`-posición de la primera tortuga, como ocurría originalmente.

Salida

Es una caja de texto multilineal que permite desplegar mensajes al usuario durante la simulación. Los mensajes podrían servir para que el usuario conozca el estado de la simulación, alguna inconsistencia con los datos de entrada, o para que pueda visualizar el valor en tiempo real de algunas variables de interés. El mensaje de salida es impreso desde el código fuente con los comandos `output-print`, `output-show`, `output-type` y `output-write`.

Mensajes de salida

Gráfico

Es posible dar seguimiento a un grupo de variables y/o expresiones numéricas por medio de gráficos estadísticos.

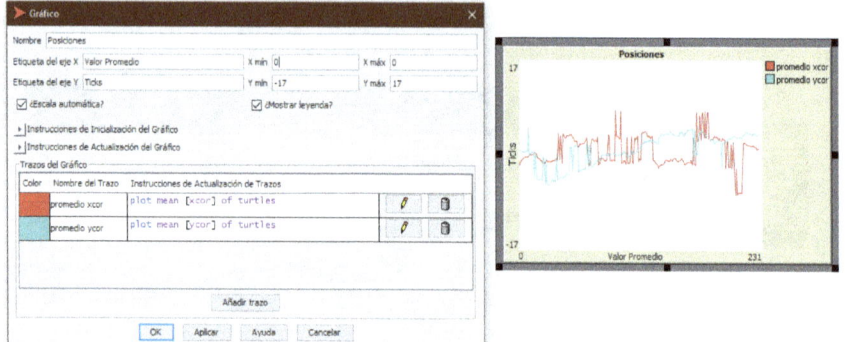

En el gráfico Posiciones del diagrama anterior, la curva de color rojo representa el promedio del atributo xcor de todas las tortugas en cada paso la simulación (plot mean [xcor] of turtles). Similarmente, la curva celeste es el promedio de la y-posición de todas las tortugas. Además del gráfico de líneas mostrado también se puede usar gráficos de puntos y de barras.

Uno puede añadir tantas curvas como desee en un mismo gráfico usando el botón Añadir Trazo. También se puede etiquetar los ejes coordenados, restringir sus rangos y mostrar leyendas para cada curva. A menos que se conozca con certeza el rango de valores que podrían tomar las variables ploteadas, es recomendable delegar el escalamiento a NetLogo marcando la casilla de verificación Escala automática. Los gráficos se actualizan automáticamente, cada vez que se ejecuta la instrucción tick en alguna parte del código.

Juntando todos los controles anteriores se logra construir la interfaz mostrada abajo. Esta interfaz está incrustada dentro de la interfaz de NetLogo. No debe confundir ambos términos. La interfaz del modelo ha sido implementada por un programador para facilitarle la vida al usuario del modelo. La interfaz de NetLogo fue implementada por Uri Wilensky y sus amigos del CCL para facilitarles la vida a todos los programadores de sistemas multiagente.

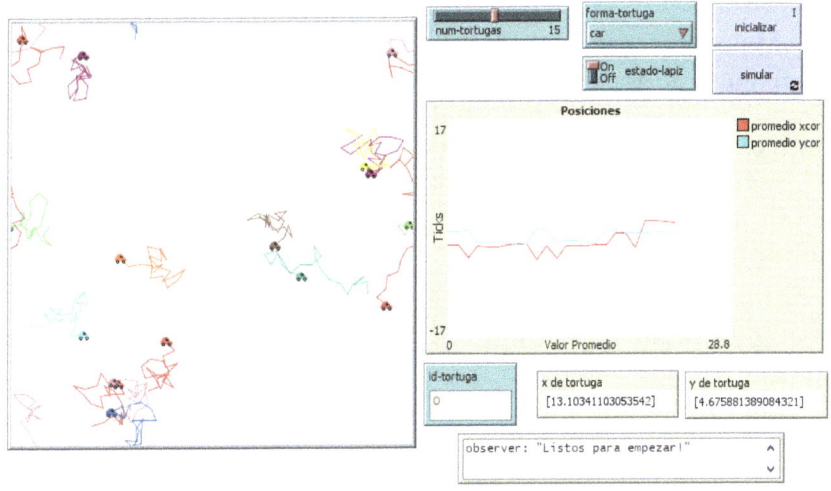

Interfaz de usuario

El botón inicializar leerá los valores ingresados por el usuario en el deslizador num-tortugas y el seleccionador forma-tortuga y creará tales agentes sobre la Vista. En la imagen mostrada se crearon 15 carros en posiciones aleatorias. La I en la esquina superior derecha del botón indica que este también puede ser activado presionando dicha tecla, sin necesidad de clics.

Luego de inicializar el escenario de simulación debe presionarse el botón simular. Se supone que el usuario conoce este flujo de trabajo, que debería estar documentado en la pestaña de Información de NetLogo. El botón simular hará que los carros se muevan aleatoriamente. Las flechas circulares mostradas en la esquina inferior derecha de este botón indican que su procedimiento subyacente, simular, será ejecutado una vez tras otra, automáticamente, hasta que volvamos a presionar el mismo botón.

En el gráfico se observa que los vehículos dejan marcada su trayectoria. Esto se debe a que el interruptor estado-lapiz se encuentra activado. Esta opción puede activarse y desactivarse durante la simulación.

Los monitores x-de-tortuga y y-de-tortuga imprimen la posición de la tortuga especificada en la entrada id-tortuga. El mensaje de salida mostrado es impreso luego de presionar el botón inicializar.

El código detrás de la interfaz mostrada es el siguiente:

```
to inicializar-micromundo [N forma]
  clear-all
  ask patches [set pcolor white]
  crt N [set shape forma-tortuga
         setxy random-xcor random-ycor]
  reset-ticks
  output-show "Listos para empezar!"
end

to simular
  ifelse estado-lapiz [ask turtles [pen-down]]
                     [ask turtles [pen-up]]
  ask turtles [fd 1 set heading random 360]
  tick
end
```

El procedimiento inicializar-micromundo es casi el mismo que ya comentamos anteriormente. Esta vez no será invocado desde el terminal de instrucciones sino desde el botón inicializar. Desde allí son asignados los parámetros N y forma con los valores especificados por el usuario en el deslizador y el seleccionador, respectivamente.

El procedimiento simular hace que las tortugas avancen un paso, i.e. fd 1, para luego girar aleatoriamente, i.e. set heading random 360. Esta conducta se repetirá indefinidamente haciendo que las tortugas realicen caminatas aleatorias sobre la Vista. La repetición indefinida del procedimiento simular se debe a que la casilla de verificación Continuamente fue marcada mientras se configuraba dicho botón. Por otra parte, simular lee la variable

48

`estado-lapiz`, asociada al interruptor, para decidir si las tortugas deben dejar sus rastros sobre el piso (`pen-down`) o no (`pen-up`).

Las comandos `reset-ticks` y `tick`, invocados desde `inicializar-micromundo` y `simular`, respectivamente, vienen incorporados en NetLogo. El primero coloca en cero el reloj de simulación; el segundo lo incrementa en un periodo. El periodo actual de una simulación siempre está visible en la barra de herramientas, tal como se resalta abajo:

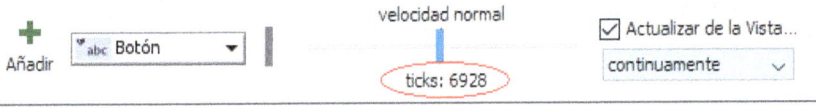

Aprovechando el diagrama anterior, debe decirse que es posible ejecutar una simulación solo numéricamente, prescindiendo de su principal componente visual, la Vista. Al desmarcar la casilla Actualizar de la Vista estaríamos liberando a NetLogo de la pesada tarea de redibujar constantemente la Vista.

CAPÍTULO V

EL AGENTE PARCELA

¡Oh tierra, antes y ahora, siempre fecunda y bella!
Rosalía de Castro

Las tortugas no son los únicos agentes dentro de los micromundos de NetLogo. Las parcelas también pueden asumir un papel activo en las simulaciones. Estas son más que un terreno inerte que observa calladamente lo que ocurre encima de ellas. A pesar de que siempre permancen en la misma posición, las parcelas también hacen cosas. Podrían, por ejemplo, hacer florecer el alimento que necesitan las tortugas, aniquilar a quienes caminen sobre ellas, o difuminar alguna sustancia por todo su entorno, por citar algunos ejemplos.

En este capítulo trataremos que el lector deje de pensar en las parcelas como un suelo estático y que las vea como parte activa de las interacciones.

Variables de parcela

Al dar clic derecho sobre cualquiera de las parcelas que componen la Vista se abre un menú flotante, cuya última opción (inspect patch 75, según el gráfico adjunto) nos permite acceder al Monitor de Parcelas. Desde aquí se pueden observar las variables de cada parcela y sus valores vigentes.

Cada parcela ha sido pintada de un color diferente

Las variables `pxcor` y `pycor` se refieren a la posición de una parcela. La parcela central tiene coordenadas `pxcor = 0` y `pycor = 0`. A partir de esta se puede calcular las coordenadas del resto. El valor de `pxcor` aumenta hacia la derecha del punto central y decrece hacia la izquierda; `pycor` aumenta hacia arriba y decrece conforme las parcelas se alejan, hacia abajo, del centro.

`pcolor` representa el color de la parcela. `plabel` es el texto que ha de mostrarse sobre la parcela; por defecto, es vacío. `plabel-color` se refiere al color del texto; por defecto es blanco, 9.9.

El colorido paisaje mostrado arriba se obtuvo asignando la variable `pcolor` de cada parcela con un valor aleatorio distinto.

```
observador> ask patches [set pcolor random 140]
```

Puede ir al menú Herramientas y dar clic en Muestra de Colores Disponibles para recordar el valor numérico que corresponde a cada color.

Dimensiones del terreno

Para descubrir las dimensiones del micromundo podemos utilizar el Terminal de Instrucciones y ejecutar los siguientes comandos.

```
observador> ask patches with [pycor = 0]
             [set pcolor blue set plabel pxcor]
observador> ask patches with [pxcor = 0]
             set pcolor blue set plabel pycor]
```

Con esto se logra etiquetar los ejes X y Y del micromundo.

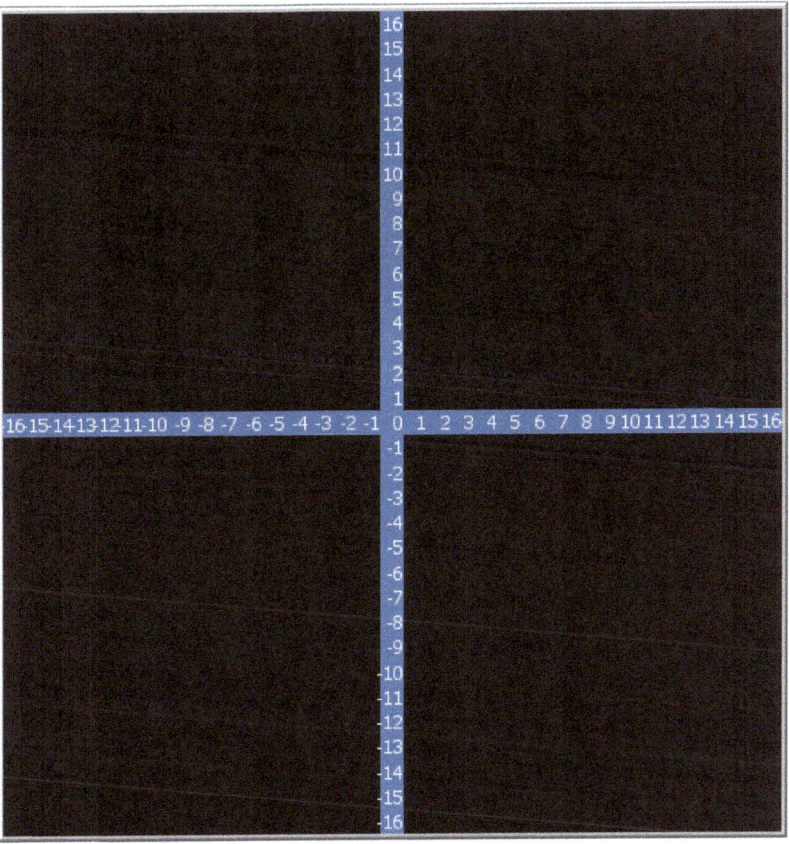

Por defecto, el rango del eje X y Y de la vista es [-16, 16]

Tal como se observa, por defecto, la Vista está dividida en 33 x 33 = 1089 parcelas. Pero esto no significa que las tortugas solo podrían estar en 1089 posiciones distintas. Las tortugas se mueven sobre un plano continuo, no discreto. Dentro de una misma parcela las tortugas podrían ocupar cualquiera de los infinitos puntos (x, y) contenidos dentro de esta.

La forma más fácil de cambiar las dimensiones por defecto de la Vista es través del formulario Model Settings, al que se accede por medio del botón de Configuración ubicado en la barra de herramientas de NetLogo.

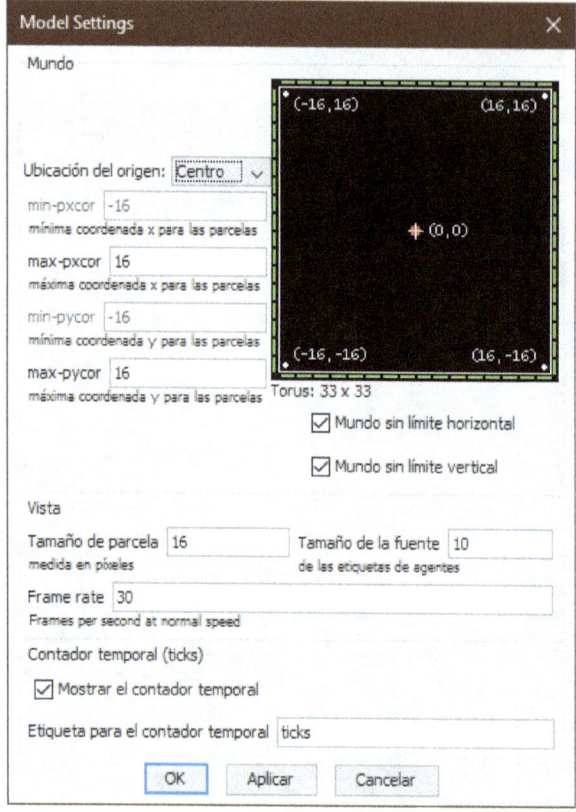

Configuración de la Vista

Mediante este formulario es posible cambiar las variables globales max-pxcor y max-pycor para alterar el ancho y alto de la Vista. Lo mismo puede hacerse desde el terminal ejecutando `resize-world` seguido de cuatro parámetros que indiquen los valores mínimo y máximo de los ejes X y Y, respectivamente.

Siguiendo con el formulario Model Settings, al marcar casilla de verificación Mundo sin límite horizontal, las tortugas cuyas caminatas sobrepasen el borde derecho de la Vista aparecerán por el borde izquierdo y viceversa. Algo similar ocurrirá con la casilla Mundo sin límite vertical. Cuando ambas casillas están marcadas es como si las tortugas se desplazaran sobre un toroide; si solo una está marcada, será como si lo hicieran sobre una superficie cilíndrica.

Cuando la Vista posee límites horizontales y verticales   Cuando la Vista está limitada horizontal o verticalmente   Cuando la Vista no tiene límites horizontales ni verticales

También se puede alterar la resolución de la Vista reduciendo el tamaño de cada parcela hasta un pixel. Por defecto, una parcela ocupa 16 pixeles en pantalla. La resolución también puede cambiarse con la primitiva `set-patch-size`.

La entrada Frame Rate define cuántas imágenes por segundo veremos durante la simulación. Por defecto su valor es 30.

El contador temporal es un número que muestra el periodo de simulación. Puede ser ocultado mediante una casilla de verificación. Por defecto, el tiempo de simulación se expresa en ticks; pero uno puede usar otras unidades como segundos, semanas, generaciones, años, etc., según el fenómeno modelado.

Variables de agente

Al grupo de variables por defecto que contiene cada parcela podemos añadirle otras más. Lo mismo puede hacerse también con las tortugas. Para apreciar cómo se incrementa nuestra capacidad de modelamiento al crear variables de agente vamos a implementar el siguiente modelo: Imagine que liberamos una población de tortugas sobre un campo de lechugas. No cabe duda que al inicio las tortugas se darán un festín; pero este no durará para siempre. Cuando las lechugas empiecen a escasear las tortugas ya no podrán reponer su energía, se debilitarán y, eventualmente, morirán. ¿Sobrevivirá alguna lechuga a este desvergonzado latrocinio? La simulación deberá darnos una respuesta.

Para concretizar el asunto digamos que en cada parcela hay cierto número de lechugas, y que las tortugas solo pueden devorar una cada vez que visitan dicha parcela. Asumamos también que cada tortuga tiene una cantidad inicial de energía, la cual se reduce cuando camina y aumenta cada vez que come.

La interfaz mostrada abajo permitirá al usuario especificar los parámetros del modelo: cuántas tortugas participarán en el banquete, cuántas lechugas habrá inicialmente en cada parcela, la energía inicial de cada tortuga, cuánto de esta se pierde al caminar y cuánto se gana al comer.

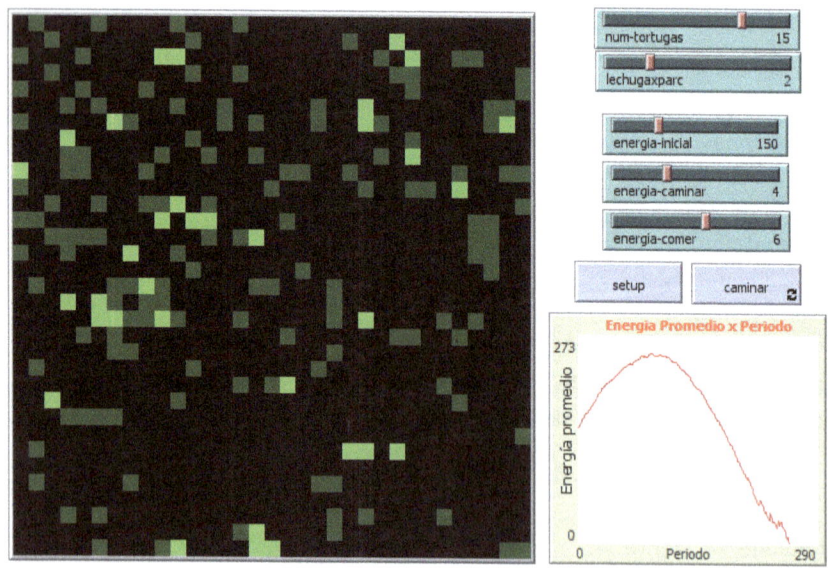

Interfaz del sistema cuando todas las tortugas-come-lechuga ya se han extinguido

Inicialmente, todas las parcelas poseerán la misma cantidad de lechugas y todas las tortugas tendrán el mismo nivel de energía. Pero esta uniformidad no se mantendrá por mucho tiempo. Dependiendo del azar, algunas tortugas se debilitarán más rápido que otras y algunas parcelas se agotarán primero. Para poder registrar el número de lechugas de cada parcela y la energía de cada tortuga deberemos añadir una variable num-lechugas a las parcelas y una variable energia a las tortugas. Esto se logra escribiendo el siguiente código

```
patches-own [num-lechugas]
turtles-own [energia]
```

al inicio del código fuente, en la primera línea, antes de los procedimientos.

Luego de declarar nuevas variables de agente estas pueden ser modificadas son el comando set, tal como ocurría con las variables predefinidas.

Para implementar el modelo descrito debemos implementar un procedimiento setup y asociarlo a un botón del mismo nombre. Este servirá para inicializar la simulación con los datos ingresados por el usuario. Su código es el siguiente:

```
to setup
  clear-all
  reset-ticks

  crt num-tortugas [set energia energia-inicial
                    setxy random-xcor random-ycor]

  ask patches [set num-lechugas lechugaxparc
               set pcolor green]
end
```

El procedimiento setup esparcirá por la Vista tantas tortugas como haya especificado el usuario en el deslizador num-tortugas. La energía inicial de cada tortuga será igual al valor de otro deslizador, energia-inicial. setup también «sembrará» varias lechugas en cada parcela, según lo indicado en el deslizador `lechugaxparc`. Las parcelas que contienen lechugas serán pintadas de verde; cuando ya no tengan lechugas se pintarán de negro.

La parte crítica de la simulación es la caminata de las tortugas. Para ello se implementa el procedimiento `caminar`. Este debe asociarse a un botón que lo ejecute indefinidamente. Así parecerá que las tortugas nunca dejan de caminar. El código de `caminar` se muestra a continuación:

```
to caminar
   ask turtles [ fd 1
                 set heading heading + random-normal 0 10
                 set energia energia - energia-caminar

                 if num-lechugas > 0 [
                    set num-lechugas num-lechugas - 1
                    set energia energia + energia-comer
                    set pcolor pcolor - 5 / lechugaxparc
                 ]

                 if energia <= 0 [die]
               ]
   if not any? turtles [stop]
   tick
end
```

Cada tortuga ejecuta la lista de tareas especificadas dentro de `ask turtles`. Específicamente, cada tortuga avanza un paso (`fd 1`) y, por ello mismo, pierde cierta cantidad de energía (`set energia energia - energia-caminar`). Pero no todo es pérdida. Si al dar un paso la tortuga cae sobre una parcela donde aún hay alimentos (`if num-lechugas > 0`), se comerá una lechuga (`set num-lechugas num-lechugas - 1`) y, a causa de ello, su energía aumentará (`set energia energia + energía-comer`).

58

Luego de cada paso se verifica si la tortuga aún tiene energía pues, de no ser así, desaparecerá de la simulación y nos quedaremos con una tortuga menos (`if energia <= 0 [die]`). La simulación se detiene (`stop`) cuando ya no hay tortugas en el micromundo, todas han muerto de hambre.

Es importante mencionar que una tortuga puede referirse directamente a las variables de la parcela que se encuentra bajo sus pies. Por eso se pudo modificar el valor de `num-lechugas` desde un contexto de tortuga (`ask turtles`). Un corolario de esto es que no se puede utilizar el mismo nombre para una variable de tortuga y otra de parcela.

Falta comentar dos detalles técnicos. Primero, `random-normal 0 10` retorna un número obtenido de una distribución normal con media 0 y desviación estándar 10. Esto hace que la orientación de la tortuga cambie suavemente.

Segundo, la asignación `set pcolor pcolor - 5 / lechugaxparc` es una ingeniosa manera de cambiar el color de las parcelas, desde su verdor inicial, cuando aún hay `lechugaxparc` lechugas en cada parcela, hasta el negro, que representa la ausencia de lechugas. La fórmula funciona porque el rango de colores [`negro`, `verde`] mide 5 unidades en la escala de NetLogo.

En cuanto a la pregunta inicial de si sobrevivirá alguna lechuga, la respuesta es incierta. Depende de los parámetros ingresados por el usuario. E incluso para un mismo conjunto de parámetros, puede variar de simulación en simulación. Lo mejor que podría hacerse para intentar dar respuesta a la citada pregunta es ejecutar el modelo cientos de veces y recolectar los datos obtenidos en cada simulación. Luego, las estadísticas tendrían que darnos una respuesta; pero no será un simple sí o no.

Parcelas activas

En el modelo anterior las parcelas alimentaron a las tortugas. Pero si aquello no fue una prueba suficiente del carácter activo de las mismas, su capacidad de generar nuevas tortugas puede que sí lo sea. El comando `sprout` es ejecutado por las parcelas usando la siguiente sintaxis:

```
observador> ask patch -4 5 [sprout 2 [set size 5]]
observador> ask patch 3 -5 [sprout 1 [set size 3
                                      set shape "person"]]
```

La primera línea hace que broten dos tortugas, i.e. `sprout 2`, de tamaño 5 sobre la parcela que se encuentra en la posición (-4, 5). La segunda línea hace brotar una tortuga, i.e. `sprout 1`, del punto (3, -5). Esta última tiene forma humana y tamaño 3. Cada tortuga que ingresa a la simulación a través de `sprout` ejecuta las instrucciones entre corchetes que siguen a dicho comando.

Los agentes mostrados fueron «creados» por las parcelas con `sprout`

Podemos usar el comando `sprout` para crear tortugas en el 3%, por decir algo, de todas las parcelas, haciendo:

```
observador> ask patches [if random 100 < 3
                         [sprout 1 [set shape "turtle"]]]
```

A diferencia de usar `setxy random-xcor random-ycor` para esparcir aleatoriamente a las tortugas por la Vista, con la instrucción anterior nunca se crearán dos tortugas sobre una misma parcela. La solicitud `ask patches` es atendida una sola vez por cada parcela (en orden aleatorio) y, por lo tanto, estas solo podrían ejecutar `sprout 1` una vez a lo mucho.

Otra muestra del carácter activo de las parcelas es su capacidad de esparcir alguna sustancia sobre sus vecinas. Este derramamiento o contagio de «algo» sobre las parcelas aledañas es muy útil para modelar diversos tipos de escenarios: una plaga de hongos que se extiende a otros terrenos vecinos, un fuego que se propaga por todos sus costados, una sustancia contaminante que se esparce por el aire, el efecto expansivo de una bomba, un chisme que va de boca en boca, etc.

El comando `diffuse` hace que cada parcela distribuya cierto porcentaje de alguna de sus variables sobre sus ocho parcelas vecinas. Por ejemplo, la siguiente instrucción hace que el 80% del fuego que acontece en cada parcela se extienda a sus vecinas. Así, cada una de las ocho vecinas recibiría un 10% del fuego de la parcela central, y esta se quedaría con el 20% restante.

```
observador> diffuse fuego 0.8
```

Para que lo anterior funcione debe haberse declarado previamente `fuego` como variable de parcela, con `patches-own [fuego]`.

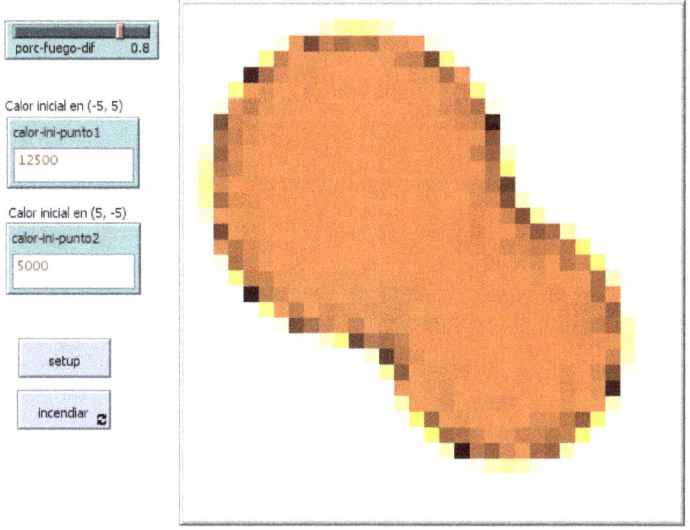

Dos lenguas de fuego se expanden desde sus epicentros en (-5,5) y (5,-5) y se encuentran. Conviene reducir la velocidad de simulación para apreciar el efecto.

diffuse solo puede ser ejecutado desde un contexto de observador. Esto implica que siempre será ejecutado por todas las parcelas, nunca por un subconjunto de las mismas.

La interfaz anterior sirve para simular la propagación del fuego. Se asume que inicialmente existen dos epicentros en los puntos, (-5, 5) y (5, -5). La intensidad del fuego en cada uno de estos puntos es ingresado por el usuario a través de cajas de texto.

El código de este modelo se muestra a continuación:

```
patches-own [fuego]

to setup
  clear-all
  ask patches [ set fuego 0
                set pcolor white]
  ask patch -5 5 [ set fuego calor-ini-punto1
                set pcolor red]
  ask patch 5 -5 [ set fuego calor-ini-punto2
                set pcolor red]
end

to incendiar
  diffuse fuego porc-fuego-dif
  ask patches [if fuego > 0
                [set fuego max (list 0 (fuego - 0.5))
                colorear fuego]
                ]
  if not any? patches with [fuego > 0] [stop]
end

to colorear [f]
  ifelse fuego >= 1
    [set pcolor orange - random-float (5 / fuego)]
    [set pcolor yellow + 4.9 * (1 - fuego)]
end
```

El procedimiento `setup` asigna un valor inicial a las variables `fuego` de cada parcela. La intensidad inicial de fuego en los epicentros es obtenido de las cajas de texto `calor-ini-punto1` y `calor-ini-punto2`. En el resto de parcelas, no hay ningún rastro de `fuego`, i.e. `set fuego 0`.

`incendiar` es el procedimiento más importante del modelo. Aquí es donde el fuego se esparce hacia las celdas vecinas. Se ejecuta continuamente. El porcentaje de fuego transferido de cada parcela a su entorno es especificado por el usuario en el deslizador `porc-fuego-dif`. Adicionalmente, hemos asumido que una parte del fuego también se desgasta por otros factores externos (p.ej. humedad relativa). Por ello, luego de la propagación (`diffuse`), cada parcela en llamas experimenta un segundo decremento en su intensidad, `set fuego fuego-0.5`. La primitiva `max`, usada en la misma línea, solo se usa para asegurarnos de no tener valores negativos para `fuego`. La simulación termina (`stop`) cuando el fuego ha sido completamente extinto; o sea, cuando ya no hay parcelas encendidas, `if not any? patches with [fuego > 0]`.

El procedimiento `incendiar` se limita a colorear las parcelas según su nivel de fuego. Donde hay más fuego hay un color naranja más intenso; donde hay poco fuego, diversos tonos de amarillo; y donde no hay fuego, blanco.

El hecho que esta simulación no incluya ninguna tortuga (¡felizmente para ellas!) hace resaltar más el rol activo de las parcelas. Estas también interactúan y pueden hacerlo incluso en ausencia de tortugas, como en el ejemplo anterior.

Así como `diffuse` distribuye una sustancia entre sus ocho parcelas vecinas, `diffuse4` restringe la difusión a las vecinas ortogonales: las ubicadas a la derecha, izquierda, arriba y debajo de cada parcela.

CAPÍTULO VI

CONJUNTOS-AGENTE

El odio, como el amor, solo florece donde hay algo en común, donde existe un común denominador

Arthur Koestler

Hasta ahora cada solicitud realizada por el observador ha sido dirigida a toda la población de tortugas (`ask turtles`) o de parcelas (`ask patches`). Esto podría significar una seria limitación para modelar fenómenos donde ciertos grupos de agentes se comportan de manera distinta. En una simulación de tráfico vehicular, por ejemplo, se necesita modelar que cuando los vehículos que transitan por una avenida principal estén en movimiento, los que están en las bocacalles deben esperar su turno. O al modelar un fuego en expansión, las parcelas que conforman parte de un lago no deberían tener la misma sensibilidad que las que representan tierra firme. En general, existe una variedad de situaciones donde conviene canalizar las solicitudes a grupos específicos de agentes con características comunes, e incluso a un único agente particular.

En todo el resto del libro hemos usado el término conjunto-agente como traducción de *agentset*.

Un conjunto no es una lista

El concepto de lista existe en muchos lenguajes de programación, incluido NetLogo. En cambio, el concepto de conjunto no es tan común. Por ello, conviene comenzar distinguiendo un conjunto de una lista: Ambas representan agrupaciones de elementos. Pero, a diferencia de lo que ocurre con las listas, los elementos de un conjunto no están ordenados. Nunca se puede hablar del primer elemento de un conjunto, del segundo, etc.

Tal como se muestra abajo, cada solicitud al conjunto `turtles` es atendido por todas las tortugas, pero no siempre en el mismo orden. En general, en cada solicitud a un conjunto-agente no se sabe qué agente la atenderá primero, podría ser cualquiera. Lo que sí se sabe es que cada elemento del conjunto-agente atenderá la solicitud y lo harán secuencialmente.

La forma aleatoria en que los elementos de un conjunto-agente atienden una solicitud no es una falla ni un error. Más bien aumenta las posibilidades de una simulación «justa», sin sesgos ni favoritismos involuntarios que pudieran afectar el resultado y realismo de la simulación.

```
Terminal de Instrucciones          Borrar
observador> crt 5
observador> ask turtles [show who]
(turtle 3): 3
(turtle 0): 0
(turtle 4): 4
(turtle 2): 2
(turtle 1): 1
observador> ask turtles [show who]
(turtle 2): 2
(turtle 0): 0
(turtle 1): 1
(turtle 3): 3
(turtle 4): 4
observador> ask turtles [show who]
(turtle 2): 2
(turtle 3): 3
(turtle 0): 0
(turtle 4): 4
(turtle 1): 1
observador>
```

Los elementos de `turtles` responden en distinto orden cada invocación

Conjuntos de tortugas

Es posible obtener subconjuntos de tortugas usando las siguientes primitivas:

Primitiva	Descripción
`turtle id`	Retorna un agente, la tortuga cuya propiedad who coincide con el valor de id
`turtles with [cond]`	Retorna el conjunto-agente formado por aquellas tortugas que satisfacen la condición cond
`turtles-on agt`	Retorna el conjunto de tortugas que se encuentra sobre el agente agt (que podría ser una parcela o una tortuga)
`turtles-at dx dy`	Retorna el conjunto de tortugas que se encuentran sobre el punto (dx, dy) medido en coordenadas relativas con respecto al agente solicitante
`turtles-here`	Retorna el conjunto de tortugas que se encuentran sobre la parcela de la solicitante
`one-of turtles`	Retorna una tortuga elegida al azar
`n-of N turtles`	Retorna un conjunto-agente conformado por N tortugas elegidas al azar
`other turtles`	Retorna toda la población de tortugas, excepto la tortuga solicitante
`turtles in-cone d α`	Retorna el conjunto de tortugas que se encuentra dentro del cono de visión de la tortuga solicitante. El alcance del cono es d y sus aristas se abren $\alpha°$ teniendo al agente solicitante como vértice. El resultado incluye al agente solicitante
`turtles in-radius R`	Retorna un conjunto-agente con las tortugas que se encuentran a una distancia menor que R de la tortuga solicitante. Incluye a la propia solicitante
`turtles with-min [e]` `turtles with-max [e]`	Retorna un conjunto-agente con las tortugas para las cuales el valor para la expresión e es el mínimo (máximo) en toda la población

`turtles at-points [[x1 y1] [x2 y2]…]`	Retorna el conjunto de tortugas que se encuentran sobre los puntos especificados en la lista

 Los reporteros `is-agent?` y `is-agentset?` permiten verificar si una variable es agente o conjunto-agente, respectivamente.

Varias de estas primitivas pueden combinarse, tal como se muestra en los siguientes comandos, ejecutados en un contexto de observador.

```
ask turtles with [color = blue] [dibuja-cuadrado 1]
```

Con lo anterior, el procedimiento `dibuja-cuadrado 1` solo será ejecutado por un subconjunto de las tortugas; no por toda la población `turtles`, sino por `turtles with [color = blue]`, las tortugas azules. Las condiciones dentro de los corchetes que siguen a `with` pueden contener varias cláusulas encadenadas por los operadores lógicos `and` (conjunción), `or` (disyunción) y `not` (negación). El operador de desigualdad es `!=`.

La solicitud anterior puede restringirse aún más. En lugar de pedirles a todas las tortugas azules que hagan «algo», se puede enviar la solicitud a una única tortuga azul elegida al azar.

```
ask one-of turtles with [color = blue] [dibuja-cuadrado 1]
```

La siguiente instrucción elige al azar cinco tortugas de entre todas las que se hallan en (0, 0) y duplica sus tamaños. Se obtiene un error si hay menos de cinco tortugas en (0, 0).

```
ask n-of 5 turtles-on patch 0 0 [set size size * 2]
```

Por medio de la siguiente sentencia, la primera tortuga (`who = 0`) le pide a las otras que ocupan su misma parcela que se alejen (`fd 5`), que la dejen sola.

```
ask turtle 0 [ask other turtles-here [fd 5]]
```

La misma tortuga podría luego incluso aniquilar a todas sus congéneres que se encuentren cerca, en un radio de 10 unidades.

```
ask turtle 0 [ask other turtles in-radius 10 [die]]
```

Quién pide y quién hace: myself / self

Como los agentes siempre actúan a solicitud de otros muchas veces se necesita poder distinguir entre el que solicita y el que ejecuta la solicitud. El primero se obtiene con myself; el segundo con self. Las siguientes sentencias y sus respectivas salidas aclaran lo dicho.

```
observador> ask turtle 0
            [ask turtle 1 [show [who] of myself]]
(turtle 1): 0

observador> ask turtle 0
            [ask turtle 1 [show [who] of self]]
(turtle 1): 1
```

En ambas sentencias la relación entre las tortugas es la misma. turtle 1 es la que ejecuta la solicitud show a pedido de turtle 0, la tortuga solicitante.

Abajo mostramos una sentencia por la que turtle 0 les exige cambiar de color a sus congéneres que se encuentran en un radio de 10 unidades y que tienen el mismo color que ella.

```
ask turtle 0 [ask other turtles with [color = [color] of myself]
              in-radius 10 [set color random 140]]
```

Conjuntos de parcelas

Así como podemos referirnos a subconjuntos de tortugas con características específicas, también es posible especificar subconjuntos de parcelas. De hecho, varias de las primitivas anteriores (`with`, `with-min`, `with-max`, `in-cone`, `in-radius`, `one-of`, `n-of`, `other`) también pueden ser ejecutadas por parcelas, con interpretaciones análogas a las ya comentadas anteriormente. Adicionalmente, existen otras primitivas que retornan conjuntos de parcelas:

Primitiva	Descripción
`patch x y`	Retorna la parcela ubicada en (`x`, `y`)
`neighbors`	Devuelve un conjunto-agente. Si lo ejecuta una tortuga, retorna las ocho parcelas que circundan la celda ocupada por ésta. Si lo hace una parcela, retorna sus ocho celdas contiguas
`neighbors4`	Retorna un conjunto-agente con las cuatro celdas vecinas, que se encuentran en los puntos cardinales del agente solicitante
`patch-here`	Retorna la parcela debajo de la tortuga solicitante.
`patch-at dx dy`	Retorna la parcela cuyas coordenadas relativas con respecto al agente solicitante son (`dx`, `dy`)
`patch-ahead d`	Retorna la parcela que se encuentra a d unidades frente a la tortuga solicitante, medidas en su misma dirección
`patch-left-and-ahead` α `d`	Retorna un agente, la parcela que se encuentra frente, a d unidades y $\alpha°$ a la izquierda, de la tortuga solicitante
`patch-right-and-ahead` α `d`	Retorna un agente, la parcela que se encuentra frente, a d unidades y $\alpha°$ a la derecha, de la tortuga solicitante
`patch-at-heading-and-distance` α `d`	Retorna un agente, la parcela que se encuentra a d unidades en dirección absoluta $\alpha°$.

A continuación daremos algunos ejemplos. Se asume que todas las sentencias que mostraremos serán ejecutadas en un contexto de observador.

El siguiente comando pinta de rojo el borde derecho del micromundo; es decir, todas las parcelas cuyo valor `pxcor` sea máximo dentro de la población `patches` (incluyendo empates).

```
ask patches with-max [pxcor] [set pcolor red]
```

Las primeras dos sentencias mostradas abajo dibujan dos círculos concéntricos: uno rojo, de nueve unidades de radio; y otro amarillo, de cinco unidades. Las últimas dos sentencias pintan el centro de la Vista (`patch 0 0`) de color verde, y sus parcelas vecinas (`neighbors`) de anaranjado. La primitiva `distancexy` retorna la distancia de un agente a un determinado punto; puede ser ejecutada tanto por tortugas como por parcelas.

```
ask patches with [distancexy 0 0 < 9] [set pcolor red]
ask patches with [distancexy 0 0 < 5] [set pcolor yellow]
ask patch 0 0 [set pcolor green]
ask patch 0 0 [ask neighbors [set pcolor orange]]
```

Para que puedan tener pleno conocimiento del mundo sobre el que navegan es importante que cada tortuga sepa identificar la parcela sobre la que se encuentra, la que está frente a ella, y, en general, la que se encuentra a cierta distancia y en cualquier dirección arbitraria a partir de su posición actual. En un micromundo con una única tortuga, la primera línea del código mostrado abajo pintará la parcela ocupada por esta de amarillo. En la segunda línea, la parcela que está 5 unidades a la derecha de la tortuga solicitante se pintará de azul, i.e. `patch-at 5 0`. Las 5 unidades se miden a partir de la tortuga, sin considerar su orientación, como si esta fuese el origen de coordenadas.

```
ask turtles [ask patch-here [set pcolor yellow]]
ask turtles [ask patch-at 5 0 [set pcolor blue]]
ask turtles [ask patch-ahead 10 [set pcolor green]]
```

```
ask turtles [ask patch-right-and-ahead 50 12
                            [set pcolor orange]]
```

La tercera línea pinta de verde la parcela que se encuentra 10 unidades delante de la tortuga, i.e. `patch-ahead 10`. Aquí sí se toma en cuenta la dirección de esta. Si hubiésemos ejecutado `patch-ahead -1` se habría pintado de verde la parcela que está justo detrás de la tortuga. Finalmente, la cuarta línea pinta de anaranjado la parcela que está 50° a la derecha y 12 unidades delante de la tortuga, i.e. `patch-right-and-ahead 50 12`. Este comando también toma en cuenta la orientación actual de la tortuga solicitante.

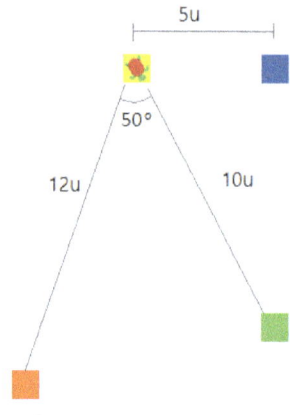

Cículos concéntricos usando `distancexy` y `neighbors`

Reconocimiento del entorno usando `patch-here`, `patch-at`, `patch-ahead`, `patch-right-and-ahead`

Todas las líneas y anotaciones mostradas en el lado derecho del gráfico anterior han sido añadidas fuera de NetLogo para facilitar las explicaciones.

CAPÍTULO VII

LISTAS Y CADENAS

Las cadenas que más nos oprimen
son las que menos pesan

Robert Browning

No es lo mismo un conjunto que una lista. Ambas son agrupaciones de elementos, pero se diferencian en la relación de orden que existe entre sus elementos. En una lista sí hay una relación de orden: cada elemento tiene un antecesor y un sucesor. Consecuentemente, a diferencia de los conjuntos-agente, las listas sí pueden ser recorridas desde el primer hasta el último elemento, en un bucle, por ejemplo.

Las cadenas que solemos usar para construir mensajes de usuario también respetan una relación de orden. Cada carácter tiene asociado un índice, lo que facilita una serie de manipulaciones, p.ej. extracción de subcadenas.

En el presente capítulo aprenderemos definir y manipular listas y cadenas, y a convertir conjuntos-agente en listas de agentes.

Listas de constantes y listas de variables

Las listas de constantes son fáciles de definir. Basta con colocar sus elementos entre corchetes, dejando un espacio entre cada par de elementos consecutivos. En el caso más general, cuando se quiere crear una lista que incluya variables y/o expresiones, se debe colocar sus elementos entre los delimitadores (list y).

```
globals [L1 L2 L3]

to foo
   set L1 [0 2 4 6 8]
   set L2 (list sin 30 sin 45 sin 60)
   set L3 (list sqrt 2 (1 + sqrt 3))
end
```

El procedimiento foo, mostrado arriba, asigna tres listas a las variables globales L1, L2 y L3. La lista L1 es una lista de constantes: incluye todos los números pares de un dígito; L2 es una lista formada a partir de tres expresiones trigonométricas, los senos de 30°, 45° y 60°; y L3 es una lista de dos elementos, la raíz cuadrada de 2 y la raíz de 3 añadida en una unidad.

Una lista vacía puede representarse como [].

Convirtiendo un conjunto-agente en lista de agentes

Existen varias maneras de convertir un conjunto-agente en una lista de agentes, tal como se ilustra con el siguiente código:

```
to foo2
   let R1 sort turtles
   let R2 sort-on [xcor ^ 2 + ycor ^ 2] turtles
   let R3 [self] of turtles
end
```

Según las definiciones anteriores, la variable local R1 es una lista que contiene a las tortugas ordenadas por identificador, de menor a mayor, i.e. `turtle 0` primero, luego `turtle 1`, etc. R2 es otra lista que contiene a todas las tortugas ordenadas según su distancia al centro de la Vista, i.e. la más cercana al centro ocupa el primer lugar de la lista, etc. La expresión de ordenación usada como segundo parámetro de `sort-on` (que en este caso es `xcor^2+ycor^2`) es arbitraria. Finalmente, la lista R3 contiene a las tortugas en orden aleatorio.

 Los reporteros `is-list?` y `is-agentset?` ayudan a esclarecer si una variable es una lista o un conjunto-agente, respectivamente.

Algunos de los procedimientos más comunes para manipular listas se muestran a continuación:

Primitiva	Descripción
`length L`	Retorna el tamaño de la lista `L`
`member? elem L`	Retorna `true` si `elem` es parte de la lista `L`; `false` en caso contrario
`item n L`	Retorna el (`n`+1)-ésimo elemento de `L`
`remove-item n L`	Retorna una copia de `L` luego de extraerle el (`n`+1)-ésimo elemento
`replace-item n L new`	Retorna una copia de `L` luego de reemplazar su (`n`+1)-ésimo elemento por `new`
`fput new L` `lput new L`	Retorna una copia de `L` con el elemento `new` insertado al inicio/final
`sublist L i1 i2`	Retorna una sublista con los elementos de `L` que van desde el índice `i1` hasta `i2-1`
`but-last L` `but-first L`	Retorna una sublista con todos los elementos de `L` excepto el último (primero)

Cadenas

Una cadena es un texto encomillado. Usualmente se usan para construir mensajes de salida que han de ser mostrados al usuario a través del Terminal de Instrucciones o de algún control en la interfaz.

Abajo se muestran dos cadenas y una lista de ellas.

```
to foo3
    let C1 substring "Hola mundo" 5 10
    let C2 (word "hola" pi)
    let C3 ["a" "" "c"]
end
```

El valor de la variable `C1` es la subcadena `"mundo"`, que ocupa desde el índice 5 hasta el 9 de la cadena `"Hola mundo"`. C2 es la concatenación de `"hola"` y el número 3.141592.... En general, una cantidad arbitraria expresiones puede ser convertida en una cadena de texto al colocarlas entre los delimitadores (`word` y `)`. C3 es una lista de cadenas. C1 y C2 retornan `true` al reportero `is-string?`; en cambio, C3 retorna `true` a `is-list?`

Las cadenas vacías se representan como `""`. En el ejemplo anterior, la segunda cadena de C3 es vacía, i.e. la expresión `empty? item 1 C3` retorna `true`.

Varias de las funciones comentadas en la tabla anterior (`length`, `member?`, `item`, `remove-item`, `replace-item`, `but-last`, `but-first`) también son válidas para cadenas. Para reinterpretarlas correctamente debe considerarse cada cadena como una lista de caracteres.

Recolectando data de un conjunto-agente

La primitiva `of` que fue usada en los primeros capítulos del libro para acceder a las variables de un agente específico, p.ej. `[size] of turtle 0`, también puede ser utilizada para recuperar información de todo un conjunto de agentes, p.ej. [size] of turtles. La información de un conjunto-agente obtenida por medio de of es retornada en forma de lista. A modo de ilustración, la siguiente sentencia retorna una lista con las orientaciones (en radianes) de las tortugas. La lista tiene tantos elementos como tortugas participan en la simulación.

```
observador> [heading * pi / 180] of turtles
```

La sentencia de abajo retorna una lista que contiene las distancias de cada tortuga al origen de coordenadas. El reportero distancexy 0 0 es aplicado sobre cada tortuga.

```
observador> [distancexy 0 0] of turtles
```

En los ejemplos anteriores, las listas retornadas fueron impresas en el Terminal de Instrucciones; pero también pudieron ser almacenadas en variables locales, p.ej. let LDist [distancexy 0 0] of turtles.

Estadísticas de una población

Existen funciones agregadas que nos permiten obtener estadísticas de una población de agentes (o de un subconjunto representativo de ella) a partir de sus datos almacenados en listas. Las funciones a las que nos referimos son: min (mínimo), max (máximo), median (mediana), mean (promedio), sum (suma), count (conteo), modes (moda), standard-deviation (desviación estándar) y variance (varianza).

El código siguiente imprime el tamaño mínimo de entre todas las tortugas amarillas:

```
observador> min [size] of turtles with [color = yellow]
```

Esta otra retorna la distancia promedio al origen de todas las tortugas.

```
observador> mean [distancexy 0 0] of turtles
```

A diferencia de min y median, que siempre retornan un número, modes retorna una lista. La siguiente expresión retorna una lista que contiene los colores que más se repiten en la población de tortugas. Podría ser que el color más frecuente sea uno solo; pero en general, podría haber empates.

```
observador> modes [color] of turtles
```

Abajo, [count turtles-here] of patches es una lista que contiene una entrada por cada parcela. Cada entrada contiene el número de tortugas ubicadas sobre la parcela correspondiente. La expresión completa, incluyendo sum, es una manera ostentosa de obtener el número total de tortugas de la simulación. Lo mismo pudo obtenerse con count turtles.

```
observador> sum [count turtles-here] of patches
```

Las estadísticas obtenidas mediante funciones agregadas también pueden ser utilizadas como criterio de selección, tal como ocurre abajo, donde las tortugas cuya energía excede al promedio del grupo duplican su tamaño.

```
observador> ask turtles [if energy > mean [energy] of turtles
              [set size size * 2]]
```

Finalmente, la siguiente sentencia imprime cuántas tortugas están «vistiendo» los colores de moda. Hablando con mayor tecnicismo, count cuenta a las tortugas cuyo color ([color] of self) se encuentra en la lista de colores más repetidos (modes [color] of turtles).

```
observador> count turtles with
             [member? [color] of self modes [color] of turtles]
```

La primitiva `length` retorna el tamaño de una lista; `count` retorna el tamaño de un conjunto-agente.

Procedimientos anónimos

Así como podemos alterar individualmente los elementos de una lista también es posible hacer cambios masivos sobre ellas. Estos cambios suelen ser especificados en procedimientos anónimos que luego son aplicados a todos los elementos de la lista.

Un **procedimiento anónimo** es un bloque de instrucciones sin nombre. Son definidos «al vuelo» para ser inmediatamente pasados como parámetros a algún procedimiento. Para definirlos se necesita especificar sus entradas y la operación que ha de realizarse con estas.

Las primitivas que nos permiten modificar listas a través de procedimientos anónimos son las siguientes:

- La primitiva `map` aplica un reportero a cada elemento de una lista. El reportero y la lista son pasados como parámetros. El reportero puede ser: (i) una primitiva, (ii) uno declarado por el programador, con `to-report`, o (iii) un reportero anónimo. Los tres casos se muestran abajo:

```
observador> map cos [30 45 53]
observador> map invierte [2 5 10]
observador> map [x -> x * x] [1 4 -3 5]
```

La primera sentencia retorna una lista con los cosenos de 30, 45 y 53; la segunda, una lista con las inversas de 2, 5 y 10; y la tercera, una con los cuadrados de 1, 4, -3 y 5. El reportero `cos`, usado en la primera línea, está predefinido en NetLogo, es una primitiva. En cambio, `invierte` es un reportero definido por el programador. En cuanto al procedimiento anónimo usado en la tercera sentencia, este consta de dos partes separadas por una flecha, `->`. La primera parte, `x`, representa un elemento arbitrario. La segunda parte especifica la operación que debe realizarse con este elemento, x * x. Como ejemplo adicional diremos que en lugar del reportero invierte usado en la segunda línea también pudo pasarse el reportero anónimo [y -> 1 / y] como segundo parámetro.

También puede invocarse a map con dos listas siempre que el reportero usado como primer parámetro esté definido para operar con dos valores. Por ejemplo, el siguiente código recorre en paralelo las listas [3 24 12] y [4 7 5], y genera una nueva lista cuyos elementos son la suma de los cuadrados de cada par de valores visitados, es decir, [25 625 139]. Cuando se usan dos listas toda la expresión map debe encerrarse entre paréntesis.

```
observador> (map [[a b] -> a * a + b * b] [3 24 12] [4 7 5])
```

- La primitiva filter recibe un reportero booleano y una lista. filter retorna una sublista con aquellos elementos para los que el reportero retorna true.

```
observador> filter [x -> x mod 2 = 0] L1
observador> filter [x -> x < 0] L2
```

La primera sentencia anterior retorna una sublista con los números pares de L1; la segunda, una sublista con los números negativos de L2. Aplicando filter a las faenas del micromundo podemos ejecutar:

```
observador> length filter [x -> x > 1]
            [count turtles-here] of patches
```

para saber cuántas parcelas están albergando más de una tortuga.

- La primitiva foreach permite lanzar una serie de comandos que utilizan como parámetros los elementos de una lista. Por ejemplo, la sentencia:

```
observador> foreach [3 5 2]
                [n -> ask turtle n [fd 1]]
```

hace que las tortugas turtle 3, turtle 5 y turtle 2 avancen un paso.

También es posible usar dos listas con foreach. En este caso, en cada iteración se tomará un elemento de cada lista, tal como se muestra abajo:

```
observador> (foreach [10 30 5] [5 6 3]
                [[x y] -> ask patch x y [set pcolor red]]
            )
```

Las parcelas (10, 5), (30, 6) y (5, 3) se pintarán de rojo. Es obligatorio colocar toda la expresión foreach entre paréntesis cuando se usan dos listas.

- sort-by permite ordenar los elementos de una lista (o de un conjunto-agente). Utiliza como criterio un reportero anónimo pasado como parámetro. Este reportero debe recibe dos parámetros y retorna un valor de verdad. Independientemente de la naturaleza de la entrada (lista o conjunto-agente), sort-by retorna una lista. Por ejemplo, la sentencia:

```
observador> sort-by [[a b] -> a < b] [3 1 4 2]
```

ordena la lista [3 1 4 2] ascendentemente. sort-by invoca al reportero anónimo para cada par de elementos, a y b, de la lista. Si el reportero retorna verdadero al ser invocado con parámetros a y b, entonces sort-by interpreta que a debe ir antes que b en la lista.

Puede usarse esta idea para ordenar a las tortugas ascendentemente según su tamaño con el siguiente código:

```
observador> sort-by [[a b] ->
                    [size] of a < [size] of b] turtles
```

- Finalmente, `reduce` convierte una lista en un número. Se aplica un reportero a los primeros dos elementos de la lista; el reportero vuelve a aplicarse al resultado y el tercer elemento de la lista; y así recursivamente. El reportero es pasado como primer argumento, tal como se ve abajo:

```
observador> reduce [[x y] -> x * y] [2 4 1 5]
```

El comando anterior retorna el resultado de `((2 * 4) * 1) * 5`, el producto de todos los elementos de la lista `[2 4 1 5]`.

Se obtiene un error al usar `foreach turtles` debido a que `turtles` es un conjunto-agente. `foreach sort turtles` sí es válido. `sort` convierte un conjunto-agente en una lista de agentes.

Ejemplo final: El juego de Medusa

Como ejercicio final de este capítulo procederemos a modelar el juego de Medusa. Un conjunto de tortugas vagará inocentemente por el mundo sin sospechar que una de ellas carga consigo la maldición de no poder ser mirada. Esta tortuga maldita, Medusa, hace morir a todo aquel que por voluntad o accidente llegara a posar su mirada sobre ella. A diferencia del mito griego, donde los desafortunados quedaban petrificados, en la versión reptiliana, más ecológica, los videntes de Medusa se convierten en plantas. El juego termina cuando ya solo queda un único sobreviviente.

Sin necesidad de *casting* designaremos a `turtle 0` para ejecutar el papel de Medusa. Para saber quiénes la han mirado tendremos que evaluar continuamente el cono de visión de cada tortuga. Podemos asumir que las tortugas miran todo lo que está hasta 5 metros y 30° frente a ellas. Aunque si quisieramos mayor flexibilidad, también podríamos leer estos parámetros desde sendos deslizadores en la interfaz de usuario.

Durante la simulación, una tortuga puede saber cuáles otras caen dentro de su campo visual ejecutando `turtles in-cone 5 30`, y, más específicamente, puede saber si Medusa se encuentra dentro de este grupo preguntando: `member? turtle 0 turtles in-cone 5 30`.

El procedimiento `walk`, al ser ejecutado continuamente, simula el juego de Medusa que acabamos de describir:

```
to walk
   ask turtles [fd 1
               set heading heading + random-normal 0 4]

   ask turtles [if member? turtle 0
                          other turtles in-cone 5 30
                [ set shape "plant"
                  stamp
                  die
                ]
         ]
   if count turtles with [who != 0] = 1 [
      watch one-of turtles with [who != 0]
      stop
   ]
end
```

La primera solicitud `ask turtles` hace que las tortugas caminen (`fd 1`), pero no en línea recta sino dando ligeros giros, de ángulos pequeños (`random-normal 0 4`).

La segunda solicitud `ask turtles` es para identificar y castigar a todos los que han tropezado con `turtle 0`. Cada vez que Medusa pertenece al cono de visión de alguna tortuga, i.e. `member?` retorna `true`, esta queda convertida en planta y muere (`die`). Dado que el comando `die` desaparece para siempre a la tortuga

83

solicitante de la simulación, es importante que esta deje su rastro (stamp) justo antes de desaparecer, en el último punto donde fue vista con vida.

El bloque condicional al final de walk detiene (stop) la simulación cuando queda una única tortuga aparte de Medusa (with who != 0). Dicha tortuga es resaltada (watch) para poder distinguirla de entre el bosque de cadáveres.

Note que existe una primitiva other junto a turtles in-cone. Esto es necesario para evitar que la propia Medusa quede convertida en planta. Recuerde que Medusa también es una tortuga y que toda tortuga pertenece ella misma a su cono de visión.

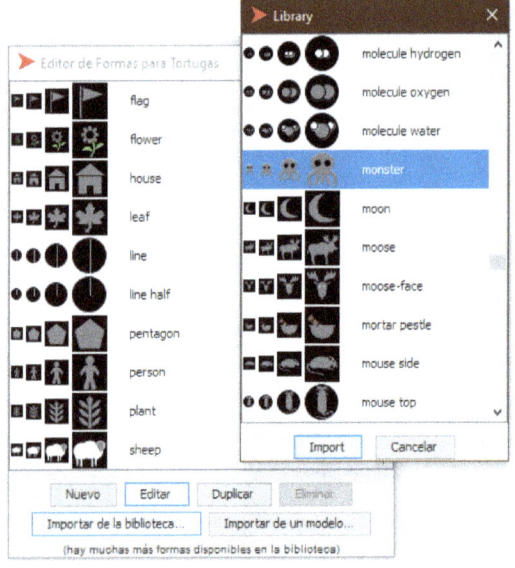

Puede darle un aspecto especial a Medusa visitando el menú Editor de Formas para Tortugas e importando de la biblioteca algún dibujo adecuado, como el mostrado en el gráfico adjunto.

Usando el mismo formulario también puede crear un Nuevo aspecto para las tortugas o Editar las figuras existentes.

Al incluir una nueva figura, debe activarse su propiedad Rotatable para hacerla sensible a los cambios de orientación (rt y lt), mejorando así el realismo de las simulaciones.

CAPÍTULO VIII

RAZAS

Una nueva raza me bendeciría como a su creador. ¡Ningún padre merecería con mayores motivos que yo la gratitud de sus hijos!

"Frankenstein", Mary Shelley

En todos los modelos mostrados hasta ahora los agentes siempre han exhibido un mismo patrón de comportamiento. Pero no siempre será así. Muchos sistemas están compuestos por diversos tipos de agentes, cada tipo con una naturaleza distinta, un objetivo específico y una conducta característica. Piense por ejemplo en un ecosistema de lobos y ovejas, una sociedad de compradores y vendedores, una lucha de anticuerpos contra bacterias, o una colonia de abejas obreras, zánganos y reinas. Sería difícil modelar esta diversidad de naturalezas teniendo una única implementación posible para todos los agentes. Felizmente, NetLogo ofrece el concepto de razas. Con este ya no tenemos que representar a nuestros agentes como si todos fuesen de un mismo tipo, `turtles`. Más bien, podremos agruparlos en distintas categorías y definir para cada una un comportamiento específico, según lo que exija el modelo en estudio.

Creando razas de agentes

El concepto de raza en NetLogo no tiene nada que ver con los prejuicios y la discriminación que han afectado a ciertos grupos humanos con peculiares rasgos fenotípicos a lo largo de la historia y que, felizmente, van quedando superados conforme avanza el progreso en derechos humanos. En NetLogo las razas sirven para catalogar a los agentes en clases o categorías.

Para aclarar el asunto empecemos declarando una raza de autos y otra de camiones. Para ello escriba las siguientes sentencias al inicio de la pestaña de código, antes de declarar cualquier procedimiento.

```
breed [camiones camion]
breed [autos auto]
```

La palabra reservada `breed` anuncia la introducción de un nuevo tipo de agentes. Va seguida por un par de corchetes que encierran el nombre de la nueva raza, en plural y singular. Una vez definidas las nuevas razas ya es posible escribir sentencias como:

```
to setup
  clear-all
  create-camiones 2 [set shape "truck"]
  create-autos    5 [set shape "auto"]
end
```

`setup` dibuja 2 camiones y 5 autos en el centro de la Vista. Ni siquiera hemos tenido que implementar los procedimientos `create-camiones` y `create-autos`. Estos han aparecido solos, automáticamente, como consecuencia de haber definido las razas `camiones` y `autos`. También se han añadido automáticamente las siguientes primitivas: `is-auto?`, `autos with`, `autos-on`, `autos-at`, `autos-here`, `sprout-autos`, `hatch-autos`, y otros tantos procedimientos análogos para los `camiones`.

Ahora podemos hacer avanzar solamente a los camiones con:

```
observador> ask camiones [fd 10]
```

O pintar a los autos de amarillo, como si fueran taxis, con:

```
observador> ask autos [set color yellow]
```

Tal como se intuye de los ejemplos anteriores, resulta bastante simple canalizar las solicitudes a los miembros de una raza particular. Así podremos especificar fácilmente el comportamiento de cada raza por separado.

La existencia de `camiones` y `autos` no significa que las entrañables tortugas ya se han extinguido para siempre del modelo. Aún se puede ejecutar algo como:

```
observador> ask turtles [set heading random 360]
```

para cambiar la orientación de todos los vehículos, autos y camiones.

Lo anterior revela que, debajo de la carrocería, los camiones y autos siguen siendo tortugas en cierto sentido. De hecho, tanto autos como camiones poseen por defecto las mismas variables que antes poseían las tortugas (`who`, `xcor`, `ycor`, `size`, etc.).

En cuanto a la variable `who`, autos y camiones compartirán el mismo conjunto de identificadores. La sentencia `show [who] of autos` retornará los enteros de 2-6. Los identificadores 0, 1 y 2 fueron utilizados para los `camiones`, que se crearon antes que los autos en el procedimiento `setup`. Si ahora, luego de tener 5 autos y 2 camiones, decidiéramos añadir un nuevo camión, con `create-camiones 1`, este se creará usando 7 como identificador. Es decir, NetLogo genera una única secuencia de identificadores que es repartida entre los agentes de todas razas según su orden de aparición.

En cuanto a la variable breed, su valor en los agentes-camión será camiones; y en los agentes-auto será autos. Podemos generar un mensaje que muestre qué identificadores pertenecen a cada raza ejecutando la siguiente sentencia:

```
observador> foreach sort turtles
             [t -> show (word [who] of t " es " [breed] of t)]
```

Los delimitadores (word y) concatenan varias expresiones en una cadena de texto. Frases del estilo: 0 es camiones serán impresas para todos los vehículos, indicando la raza que corresponde a cada identificador.

Dado que la raza de los agentes está almacenada en una variable, es posible que los agentes cambien de raza, incluso varias veces, durante una simulación. Basta con cambiar el valor de dicha variable. Por ejemplo, un auto puede convertirse en camión al ejecutar set breed camiones.

Alguno podría seguir preguntándose por qué fue necesario especificar el nombre de las nuevas razas en singular y en plural. La razón es que existen ciertas primitivas que utilizan el nombre en singular. Por ejemplo, para enviar una solicitud a un camión particular podemos hacer:

```
observador> ask camion 1 [set size 2]
```

Variables de raza

Cada vez que creamos una nueva raza esta aparece con todas las variables que solían poseer las tortugas (shape, heading, size, etc.). A estas podemos añadirle otras nuevas. Las nuevas variables se añadirán solo a los miembros de la raza para la que fueron definidas.

Por ejemplo, podemos ir a la pestaña de código y justo debajo de la declaración de razas escribir:

```
autos-own [num-pasajeros]
```

Esto añadirá la variable `num-pasajeros` solo a los autos, no a los camiones, que, por su parte, también podrían tener sus propias variables, distintas e independientes de las de los autos. El hecho de que cada raza pueda poseer variables propias nos permite «cincelar» las razas a la medida de cada tipo de agente que participa en la simulación.

Cuando un agente cambia de raza pierde automáticamente las variables que le correspondían a esta y adquiere las de su nueva raza.

Ejemplo final: Apocalipsis zombi

Reforzaremos lo aprendido modelando un mundo imaginario habitado por dos razas: hombres y zombis. Inicialmente, sin saberse cómo llegó ni de dónde vino, ya existe un zombi en nuestro modelo. Este, al igual que los hombres con los que comparte el mundo y a los que espera hacer sus víctimas, parece deambular por la vida sin un objetivo fijo. Pero todo cambia cuando detecta algún humano en sus cercanías, en un radio de pocos metros. En ese momento centra su atención en la posible víctima y camina en dirección a esta con el resuelto propósito de hacer contacto directo con ella e infectarla. Cuando esto ocurre el infectado se convierte en zombi y adopta su execrable comportamiento.

Para implementar el modelo descrito se deben definir dos razas:

```
breed [zombis zombi]
breed [hombres hombre]
```

Luego necesitamos un procedimiento que inicialice el escenario de simulación:

```
to setup
  clear-all
  reset-ticks
  set-default-shape hombres "person"
  set-default-shape zombis "monster"
  create-zombis 1
  create-hombres num-hombres [setxy random-xcor random-ycor]
end
```

Del código anterior, `set-default-shape` establece el aspecto que deberán tener las criaturas de cada raza para el resto de la simulación. En cuanto al resto del código, un único zombi aparecerá en el centro del micromundo y tendrá un aspecto monstruoso (`monster`). Otros varios agentes con figura humana (`person`) y esparcidos aleatoriamente compartirán el mismo escenario. La variable `num-hombres` es obtenida de un deslizador en la interfaz de usuario, la cual se muestra abajo:

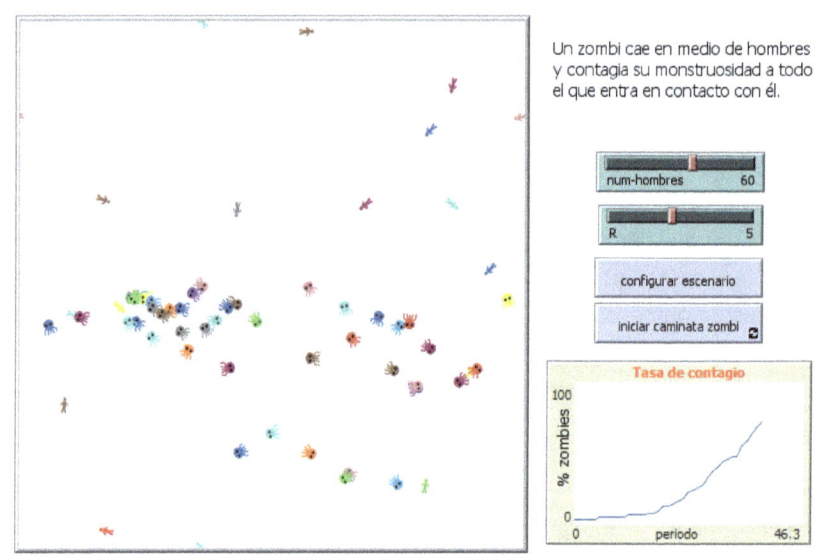

Interfaz del modelo Apocalipsis zombie

El comportamiento, tanto de los hombres como de los que ya dejaron de serlo, se codifica en el procedimiento `walk`, que será ejecutado continuamente desde un botón en la interfaz de usuario.

Dentro de `ask zombis` se encuentra especificado el comportamiento de estos engendros. Consideran a cada hombre situado dentro de un radio de `R` unidades (`hombres in-radius R`) como una posible víctima. Eligen una al azar y se lanzan en su persecución (`set heading towards one-of posible-victimas`). Cuando no encuentran hombres que perseguir, por estar todos estos a distancia segura, los zombis cambian de rumbo, enloquecidos, tal como se deduce de la brusquedad de sus giros (set heading random 360).

```
to walk
  let posibles-victimas nobody
  ask zombis [set posibles-victimas hombres in-radius R
              ifelse any? posibles-victimas
                [set heading towards one-of posibles-victimas]
                [set heading random 360]
                  fd random-float 2.0
                  ask turtles-here with [breed = hombres]
                                       [set breed zombis]
              ]
  ask hombres [fd random-float 2.5
               set heading heading + random-normal 0 5]
  tick
end
```

Incluso cuando los zombis se lanzan tras una presa nada garantiza que alcancen a sus perseguidos. La velocidad de todos es aleatoria (random-float 2), lo que abre las posibilidades para que los perseguidos puedan escapar de sus perseguidores en su legítimo intento de preservar la raza humana. Si esto no ocurriese así y algunos desafortunados llegasen a coincidir en la misma parcela con un zombi (turtles-here with [breed=hombres]), todos estos sufrirían la indeseable transmutación (set breed zombis).

A diferencia de los zombis, los hombres circulan por el mundo describiendo trayectorias suaves, con desviaciones leves (set heading heading + random-normal 0 5), exentas de las bruscas sacudidas propias de la bestialidad.

 towards retorna el ángulo entre el agente solicitante y otro pasado como parámetro. Retorna un error si el parámetro es nobody.

CAPÍTULO IX

EL AGENTE ENLACE

En ese vínculo que hay entre vosotros está vuestra fuerza… pero también vuestra mayor debilidad

Laura Gallego García

En todos los modelos que hemos implementado hasta el momento los agentes de una misma raza siempre se han tratado equitativamente entre ellos. No había manera de especificar cierto trato especial de un agente hacia otros, porque estos «otros» eran siempre una masa uniforme de elementos indiscernibles. Sin embargo, no es difícil prever que las interacciones entre un grupo de agentes podrían verse influenciadas por las relaciones entre sus miembros. Todos sabemos lo fácil que es parcializarse con amigos y familiares en las mismas situaciones en que habríamos sido más objetivos con extraños. Así pues, existen escenarios donde los agentes no necesariamente verán a todos los demás como iguales, incluso siendo todos de la misma raza, sino que podrían tener sus preferencias o antipatías y modificar su conducta dependiendo de estas relaciones.

Dos tipos de enlaces

NetLogo permite establecer dos tipos de enlaces: no dirigidos y dirigidos. Los primeros se representan como líneas rectas entre un par de agentes; los segundos se ven como líneas direccionadas, flechas, que salen de un agente y se dirigen a otro.

Los **enlaces no dirigidos** pueden servirnos para especificar relaciones equitativas, p.ej. relaciones de amistad, de consanguinidad, de esposo-esposa, etc. Los **enlaces dirigidos** pueden servirnos para expresar relaciones de jerarquía, como: jefe-empleado, padre-hijo, lazarillo-ciego, envidioso-envidiado, abeja reina-abeja obrera, etc.

A menos que se definan razas de enlace (lo que se verá en una sección posterior), no es posible tener enlaces dirigidos y no dirigidos en el mismo modelo.

Enlaces no dirigidos

Para crear un enlace no dirigido en NetLogo debe invocarse la primitiva `create-link-with` desde un ámbito de tortuga, de la siguiente forma:

```
observador> ask turtle 0 [create-link-with turtle 1]
```

Inmediatamente aparecerá una línea que conecta a `turtle 0` con `turtle 1`. Podemos dar clic derecho a este enlace para observar sus variables.

Tal como se observa en el Monitor de Enlaces que se muestra abajo, los enlaces no poseen un número identificador, como ocurría con las tortugas. Para identificar un enlace se necesita hacer referencia a sus dos tortugas-vértice `end1` y `end2`. Un enlace desaparece automáticamente cuando alguna de sus tortugas-vértice desaparece de la simulación (p.ej. con `die`).

En cuanto al resto de variables, `color` define el color del enlace; `thickness`, su grosor; `shape`, su aspecto; `label` se refiere al texto que podría ir escrito sobre el enlace y `label-color` al color de este texto.

La visibilidad de un enlace puede alterarse por medio de la variable `hidden?` sin que esto anule la relación existente entre las tortugas-vértice.

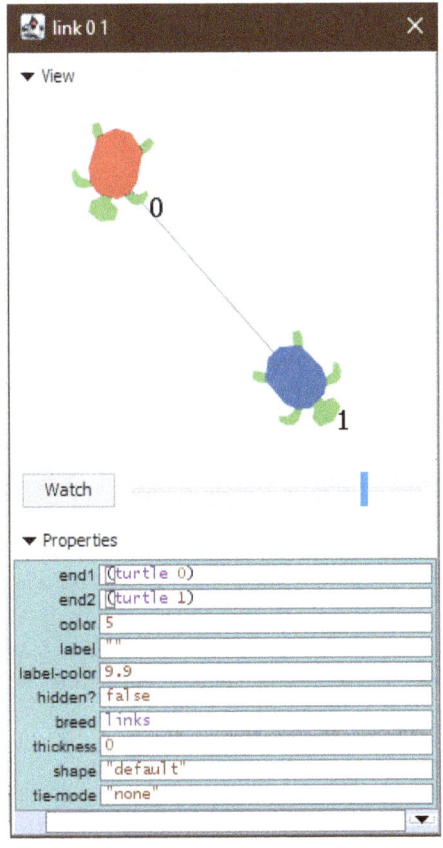

Los enlaces también pueden categorizarse en razas, las cuales quedan registradas en la variable `breed`. La raza por defecto de un enlace es `links`.

Por defecto, un enlace solo indica una relación abstracta entre sus tortugas-vértice; pero también puede hacerse que el enlace sea visto como una atadura física y rígida, que hace que los movimientos del agente ubicado en un extremo del enlace influyan en la posición del agente que se encuentra al otro extremo. La propiedad `tie-mode` permite definir si el enlace «amarra» físicamente a las tortugas o no.

En cuanto a `shape`, no hay mucho que escoger. No hay librerías que ofrezcan flechas con diversos aspectos. Pero uno podría dibujarlas usando el Editor de Formas para Enlace.

Existen propiedades como la longitud o la orientación de un enlace que pueden deducirse de las variables ya mencionadas y también pueden obtenerse directamente invocando a los reporteros `link-length` y `link-heading` desde un contexto de enlace.

La forma más directa de referirse a un enlace es con la primitiva `link`, tal como se muestra abajo:

```
observador> ask link 0 1 [ask both-ends [set size 2]]
```

El código anterior duplica el tamaño por defecto de las dos tortugas que sostienen el enlace link 0 1; o sea, de turtle 0 y turtle 1, ambos elementos del conjunto-agente both-ends. Note que el enlace ha hecho «algo», ha aumentado el tamaño de sus tortugas-vértice. Esta capacidad para actuar nos recuerda que los enlaces también son agentes.

Se puede eliminar el enlace anterior con ask link [0 1] [die]. O, mejor aun, se pueden eliminar todos los enlaces del modelo con clear-links.

Enlaces dirigidos

Ahora procederemos a crear un enlace dirigido. Sobre un mundo con tres tortugas desenlazadas podemos hacer:

```
observador> ask turtle 0 [create-link-to turtle 2]
```

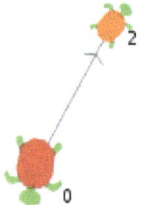

Como se ve en el gráfico adjunto, se creará un enlace entre turtle 0 y turtle 2. Este enlace es diferente al anterior. Está representado por una línea direccionada. La flecha indica la dirección: de turtle 0 a turtle 2.

Las variables de un enlace dirigido son las mismas que vimos anteriormente, en el caso de un enlace no dirigido. Pero existen primitivas que tienen distintas interpretaciones en cada tipo de enlace.

Si en el instante mostrado en el gráfico turtle 0 invocase el reportero my-in-links recibiría un conjunto-agente vacío. No existe ningún enlace dirigido que apunte a turtle 0. En cambio, al invocar a my-out-links recibirá un conjunto-agente con un único elemento, el enlace que sale desde turtle 0 hacia turtle 2.

`create-links-with`, `create-links-from` y `create-links-to` (con `links` en plural) permiten enlazar a la tortuga solicitante con todos los elementos del conjunto-agente usado como parámetro, p.ej. `create-links-with other turtles`.

Conjuntos-agente

La siguiente tabla muestra cómo obtener conjuntos de enlaces:

Primitiva	Descripción
`link ini fin`	Retorna el enlace que va desde `turtle ini` hasta `turtle fin` si hablamos de un enlace dirigido. O, el enlace no dirigido que conecta `turtle ini` y `turtle fin`.
`my-in-links`	Retorna un conjunto-agente con todos los enlaces que apuntan a la tortuga solicitante. Incluye a los enlaces no dirigidos.
`my-out-links`	Retorna un conjunto-agente con todos los enlaces que salen de la tortuga solicitante. Incluye a los enlaces no dirigidos.
`my-links`	Retorna un conjunto-agente con todos los enlaces (de entrada y salida) de la solicitante
`in-link-neighbors`	Retorna el conjunto de las tortugas que apuntan mediante enlaces dirigidos a la solicitante. También incluye a las que se conectan mediante enlaces no dirigidos a la solicitante.
`out-link-neighbors`	Retorna un conjunto-agente con todas las tortugas que son apuntadas mediante enlaces dirigidos por la solicitante, y las que simplemente se conectan a ella mediante enlaces no dirigidos.
`link-neighbors`	Retorna un conjunto-agente con todas las tortugas que están enlazadas con la solicitante.
`in-link-from t`	Retorna el enlace de entrada desde la tortuga `t` hacia la tortuga solicitante.

`out-link-to t`	Retorna el enlace de salida desde la tortuga solicitante hacia la tortuga `t`.
`link-with t`	Retorna el enlace no dirigido entre la tortuga solicitante y la tortuga `t`.

Si el conjunto-agente solicitado no contiene elementos se obtiene `nobody`.

Los reporteros `is-link?`, `is-undirected-link?` y `is-directed-link?` permiten verificar si una variable contiene un enlace, un enlace no dirigido o un enlace dirigido, respectivamente.

Variables de enlace

Es posible añadir variables a los enlaces usando la primitiva `links-own` al inicio del código, antes de la definición de procedimientos.

Existen varias situaciones donde se necesita definir variables especiales para los enlaces. Por ejemplo, en la segunda parte del libro se estudia un modelo que simula la caminata de una colonia de hormigas por una serie de túneles. Los túneles son representados por enlaces. Durante la caminata, estos túneles son regados por las hormigas con una sustancia química denominada feromona. Se puede conocer y modificar la cantidad de feromonas contenida en cada túnel gracias a que previamente se ha definido:

```
links-own [feromona]
```

Luego, durante la simulación, el aumento de feromonas en un túnel particular puede implementarse con expresiones de la forma:

```
ask link 0 1 [set feromona feromona + 1]
```

Ataduras

Los enlaces normalmente representan alguna relación abstracta entre sus tortugas-vértice, p.ej. una relación de amistad, un vínculo de consanguinidad, un nexo comercial, etc. En estos casos, poco o nada importa conocer las características físicas de un enlace (su longitud, orientación, etc.); más interesante resulta saber qué agentes están conectados a través de éste. Pero, para ciertos modelos, podría requerirse que los enlaces se comporten como si fuesen cuerdas rígidas, que el movimiento del agente que está en un extremo de la cuerda arrastre al que está en el otro extremo. En ese caso tendremos que convertir el enlace en atadura.

Un enlace se convierte en atadura al ejecutar la primitiva `tie`.

Cuando un enlace no dirigido se convierte en atadura el movimiento de una cualquiera de sus tortugas-vértice arrastrará a la otra. No importa si el movimiento se produce con `fd`, `jump`, `setxy`, o cualquier otro mecanismo.

Cuando un enlace dirigido se vuelve atadura solo el movimiento de la tortuga de la que sale el enlace producirá el «arrastre» antes descrito. Esta tortuga se llama **tortuga-raíz**; su movimiento afecta el de su compañera, la **tortuga-hoja**. En cambio, el movimiento de la tortuga-hoja nunca afecta a la tortuga-raíz.

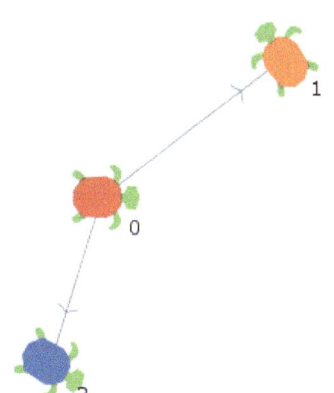

En el escenario mostrado al lado, la sentencia: `ask link 0 1 [tie]` convertirá el enlace entre las tortugas roja y anaranjada en atadura.

A partir de ese momento la tortuga roja vendría a ser la tortuga-raíz; y la naranja, la tortuga-hoja. El movimiento de la tortuga-raíz (roja) arrastrará a la hoja (naranja). Durante este arrastre la atadura se mantendrá firme, rígida. Por otro lado, el movimiento de la tortuga-hoja no afectará a la raíz. Su movimiento solo causará que el enlace se estire o acorte.

Por más bruscos que sean los movimientos de la tortuga-raíz durante la simulación siempre se mantendrán invariables: (i) la longitud de la atadura, i.e.

[link-length] of link 0 1, y (ii) el ángulo entre la atadura y turtle 0, i.e. [link-heading] of link 0 1 - [heading] of turtle 0.

 Cuando un enlace ejecuta tie, su variable tie-mode cambia de none a fixed. Lo contrario ocurre al ejecutar untie.

Por otro lado, los movimientos de turtle 2, que no tiene ataduras con nadie, no alterarán la posición ni orientación de turtle 0. Solo harán que el enlace que lo une a turtle 0 se estire o acorte dependiendo de la posición relativa entre ambas tortugas.

Las ataduras se deshacen con la sentencia untie.

Razas de enlaces

Existen varios tipos de vínculos que podrían existir entre un par de agentes. Entre dos personas, por ejemplo, podría existir un vínculo laboral, un vínculo familiar o ambos. NetLogo nos permite manejar esta variedad de relaciones mediante el concepto de razas de enlace. Así como nuestros agentes-tortuga podían ser agrupados en razas distintas, los enlaces también pueden ser clasificados.

Para definir una clase de enlaces se debe usar directed-link-breed o undirected-link-breed dependiendo de si los enlaces de la nueva clase deben ser dirigidos o no dirigidos, respectivamente.

El siguiente código ejemplifica algunas posibles relaciones entre dos tipos de agentes: personas y carros. Hemos considerado que entre dos personas podría haber relaciones de amistad o de dependencia laboral. La amistad, al ser supuestamente equitativa, puede ser representada por enlaces no dirigidos (undirected-link-breed). En cambio, la dependencia laboral es una relación de subordinación de uno a otro. Para distinguir el «uno» del «otro» es conveniente utilizar enlaces dirigidos (directed-link-breed). Finalmente, entre una persona y un vehículo podría existir una relación de propiedad. Podemos usar enlaces dirigidos para indicar quién posee a quién.

```
breed [personas persona]
breed [carros carro]

directed-link-breed [dlaborales dlaboral]
undirected-link-breed [amistades amistad]
directed-link-breed [propiedades propiedad]

to setup
  clear-all
  create-personas 3 [set shape "person"]
  create-carros 1   [set shape "car"]

  ask persona 0 [create-amistad-with persona 2]
  ask persona 1 [create-dlaboral-to persona 2]
  ask persona 2 [create-propiedad-from carro 3]
end
```

Note que en el procedimiento setup se usó create-amistad-with para especificar la camaradería que supuestamente existe entre persona 0 y persona 2. En ningún momento hemos implementado está función; ha sido creada automáticamente al definir la raza amistad. Lo mismo ha ocurrido con create-amistades-with, my-amistades, amistad-neighbors, amistad-neighbor? y amistad-with. La interpretación de estas nuevas funciones es análoga a otras primitivas ya comentadas, p.ej. create-links-with, my-links, etc.

Algo similar ocurre al definir razas de enlaces dirigidos: Una serie de procedimientos se pone a disposición del programador sin que este tenga que hacer el esfuerzo de implementarlos. create-dlaboral-to, usado en setup para definir que persona 1 depende laboralmente de persona 2, es uno de esos procedimientos que se crean automáticamente. Otros procedimientos son: create-dlaboral-from, create-dlaborales-from, in-dlaboral-neighbor?, in-dlaboral-neighbors, my-out-dlaborales, out-dlaboral-neighbor?, out-dlaboral-neighbors? y out-dlaboral-to.

101

El resultado del código anterior (con algunos añadidos para mejorar su aspecto estético) se muestra a continuación:

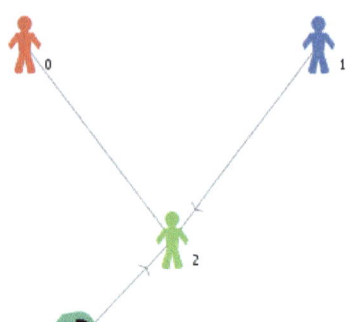

Los enlaces de razas dirigidas (dlaboral y propiedad) se representan como flechas; y los de razas no dirigidas (amistad), como líneas simples.

El gráfico adjunto nos indica que el flamante vehículo turquesa pertenece a persona 2, quien es jefe de persona 1 y amigo de persona 0.

La clase de cada vínculo puede recuperarse de la variable breed.

Así como las relaciones humanas pueden cambiar de naturaleza también es posible que un enlace cambie de raza. La relación laboral entre persona 1 y persona 2, por ejemplo, podría convertirse en una de amistad luego que el primero decida irse a otra empresa. La tranformación del vínculo laboral en amical tendría que implementarse con:

```
ask dlaboral 1 2 [set breed amistades]
```

Por otro lado, tal como ocurre en el mundo real, podrían existir varios tipos de vínculos entre un mismo par de agentes. Asumiendo que persona 2 decidiera contratar a su amigo, persona 0, luego de despedir a su antiguo servidor, tendríamos una nueva relación entre estos dos: una relación adicional de dependencia laboral, que tendría que implementarse ejecutando:

```
ask persona 0 [create-dlaboral-to persona 2]
```

desde un contexto de observador.

Gráficamente el nuevo enlace se traslapará con el ya existente; pero, más allá de esta pequeña incomodidad estética, ambas relaciones estarán activas.

Finalmente, para terminar con un ejemplo más complicado, si una suspicaz comisión anticorrupción decidiera investigar aquellos casos donde existe relación laboral y amical al mismo tiempo, dichos casos podrían ser listados con el siguiente código (ejecutado en contexto de observador):

```
foreach sort dlaborales
    [v -> if is-amistad? amistad [who] of [end1] of v
                                 [who] of [end2] of v
      [ show (word ([end1] of v) ([end2] of v)) ]
    ]
```

A grandes rasgos, el código analiza todas las relaciones laborales existentes (`dlaborales`) y verifica para cada una si las personas involucradas en ella, `end1` y `end2`, son además amigos; es decir, si existe un vínculo de `amistad` entre el agente cuyo identificador es `[who] of [end1] of v` y aquel otro con identificador `[who] of [end2] of v`, donde `v` representa un vínculo laboral.

Modelo A

Si modelásemos cada página web que existe en el planeta como un nodo y cada hipervínculo de una página a otra como un enlace, obtendríamos una red sin escalas (*scale-free network*). Esto significa que los nodos serían tan diferentes en conectividad unos de otros que sería imposible hablar de un nodo promedio.

Algunos pocos nodos –denominados *hubs*– estarían conectados a muchísmos otros (p.ej. Google, Yahoo, Facebook, etc.) mientras que la mayoría de nodos estarían muy poco conectados (p.ej. un blog personal, la página web de un negocio familiar, etc.). Si hiciéramos un histograma con el número de conexiones que posee cada nodo de internet, no obtendríamos una curva normal sino una exponencial, siendo esto un indicativo de que en internet los *hubs* coexisten con una enorme mayoría de nodos poco populares.

Para generar computacionalmente una red sin escalas, Albert-László Barabási, un prohombre de la Teoría de Redes, propuso el llamado modelo A, que se basa en el siguiente algoritmo: la red debe iniciar con dos nodos conectados entre sí. Luego, en cada iteración, se debe añadir otro nuevo. El nuevo nodo debe enlazarse a dos nodos cualesquiera, ya existentes.

La implementación del modelo A es relativamente simple. Los dos nodos iniciales a partir de los que se intentará construir una red sin escalas se crean en `setup`:

```
to setup
  ca
  set-default-shape turtles "circle"
  crt 1 [setxy 10 0]
  crt 1 [setxy -10 0]
  ask turtle 0 [create-link-with turtle 1]
end
```

Usaremos tortugas de aspecto circular (`circle`) como nodos. Los dos primeros (`turtle 0` y `turtle 1`) ya están conectados (`create-link-with`).

El modelo exige que en cada iteración se añada un nuevo nodo a la red, el cual deberá conectarse a otros dos cualesquiera. La manera más simple de implementar esta idea es haciendo que el nuevo nodo creado se enlace al azar con dos elementos elegidos aleatoriamente, i.e. con `n-of 2 other turtles`.

En la expresión mostrada abajo cada nodo creado se dibuja en una posición aleatoria de la Vista e inmediatamente se enlaza a dos nodos existentes cualesquiera.

```
crt 1 [ setxy random-xcor random-ycor
        create-links-with n-of 2 other turtles
      ]
```

Esta idea debe repetirse dentro de un bucle `repeat` hasta llegar a añadir tantos nodos como se desee.

```
to anade-nodos
  repeat num-nodos [
    crt 1 [setxy random-xcor random-ycor
           create-links-with n-of 2 other turtles
          ]
  ]
  layout-radial turtles links turtle 0
  set-plot-x-range 2 int sqrt num-nodos
  histogram [count link-neighbors] of turtles
end
```

Con respecto al código anterior, el número de nodos a añadir, num-nodos, se obtiene de un deslizador en la interfaz de usuario. El comando layout-radial intenta ordenar la telaraña de enlaces que se forma cuando crece la red de manera que se aprecie cierta jerarquía entre los nodos. Las dos últimas sentencias dibujan un histograma que muestra con cuántos nodos se encuentra conectado cada nodo de la red. Como se observa en el siguiente gráfico, la distribución del histograma es exponencial. La curva no tiene forma de campana. No existe un nodo «normal».

La explicación de por qué algunos nodos poseen más conexiones que el resto no es difícil. Los nodos más antiguos de la red han tenido más tiempo de crear conexiones con los nodos que ingresan a la red.

A pesar de que la conectividad de la red mostrada posee la distribución exponencial que se esperaría de una red como internet, Barabási determinó que no era el modelo final que estaba buscando. En la red resultante hay muy pocos *hubs*, menos de los que se esperaría en una red real. Los pocos *hubs* del modelo tampoco poseen tantas conexiones como ocurre en internet.

Posteriormente Barabási añadió una regla al modelo A para obtener redes más realistas. Esta regla se llamó adhesión preferencial (*preferential attachment*). Cada nodo nuevo no debe enlazarse a otros dos cualesquiera, como en el modelo A, sino con aquellos que poseen más conexiones. En palabras simples, los nodos más «populares» deben tener más chances de ser seleccionados por los nuevos que hacen su ingreso a la red. Dejamos al lector la tarea de implementar el modelo extendido, es decir, donde cada nuevo nodo tenga más probabilidades de enlazarse a los nodos con mayor número de conexiones.

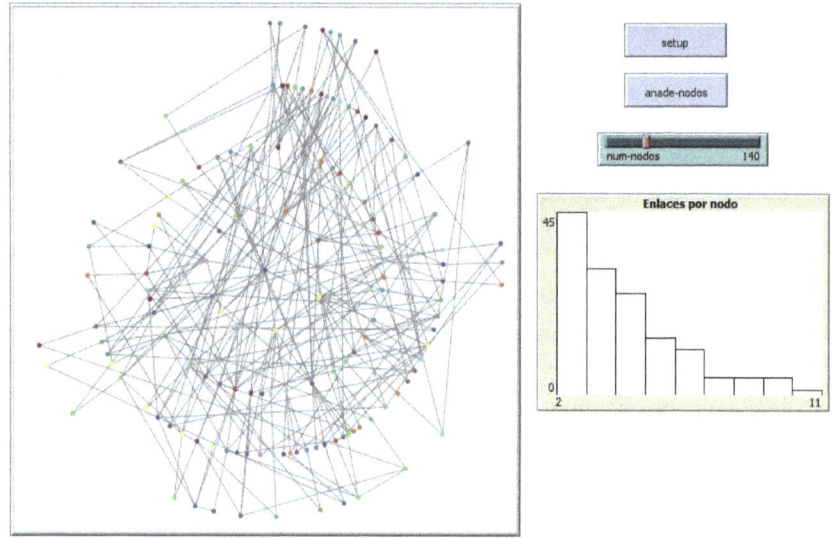

Red de 140 nodos formada siguiendo las reglas del Modelo A

CAPÍTULO X

DINÁMICA DE SISTEMAS

¡Confiamos demasiado en los sistemas,
y muy poco en los hombres!

Benjamin Disraeli

Además de los modelos basados en agentes NetLogo también permite crear modelos basados en dinámicas de sistemas. Este paradigma es distinto y quizás complementario. Cuando se modela un sistema basado en agentes se piensa en los detalles característicos de cada individuo: quién es, qué propiedades tiene, cuáles son sus objetivos y cómo interactúa con otros agentes. Una vez codificada esta información microscópica la simulación despliega el fenómeno macroscópico que se desea estudiar. En cambio, en los modelos dinámicos, se debe conocer de antemano datos macroscópicos, p.ej. tasa de natalidad, de mortalidad, de contagio, etc., de toda la población. Construir un modelo dinámico es hacer conjeturas sobre las posibles relaciones entre estas variables macroscópicas para que, a partir de ello, el simulador pueda generar los datos que caracterizan el estado de la población en cada periodo de simulación.

Introducción

A mediados de los 50's, Jay Forrester, profesor del mítico MIT, fue consultado por una empresa fabricante de componentes electrónicos para que intentase explicar las indeseables oscilaciones de su producción. Forrester sospechó que había bucles de realimentación en dicho proceso y propuso una técnica que permitiría estudiar sus efectos. Usaba diagramas para plasmar la mutua dependencia entre las variables del sistema en estudio. Las flechas que indicaban las relaciones entre las variables permitían definir bucles de realimentación; es decir, especificar que una variable influía en otras que, al final, terminaban influyendo en la primera.

En los 60's Forrester extrapoló su exitosa técnica para estudiar el desarrollo urbano. Para ello se tenía que monitorear variables como número de habitantes, de vehículos, de viviendas, etc. A diferencia de la simulación multiagente que hemos venido estudiando, la dinámica de sistemas –así llegó a denominarse la técnica de Forrester– no modela el comportamiento de cada agente para, a partir de allí, reproducir el comportamiento de toda la comunidad. Es una técnica más analítica y menos sintética. La dinámica de sistemas no necesita conocer tantos detalles de los agentes componentes, estudia un sistema a partir de las relaciones entre sus variables agregadas. Actualiza continuamente las variables del modelo, cuyas relaciones se especifican por medio de un diagrama de influencias detrás del cual subyace un sistema de ecuaciones diferenciales que es resuelto por métodos numéricos.

Los diagramas de Forrester se construyen a partir de ocho símbolos. NetLogo solo ha incluido cuatro de estos. No considera, por ejemplo, los retrasos con que suele propagarse la información en ciertos sistemas. Sin embargo, aún es posible construir interesantes modelos dinámicos y combinarlos con nuestras simulaciones multiagentes.

Para dibujar un diagrama de Forrester debemos abrir el formulario Modelador de Dinámicas de Sistemas a través del menú Herramientas. Luego el usuario puede arrastrar varios bloques de la barra de herramientas hasta formar un diagrama como el que se muestra abajo:

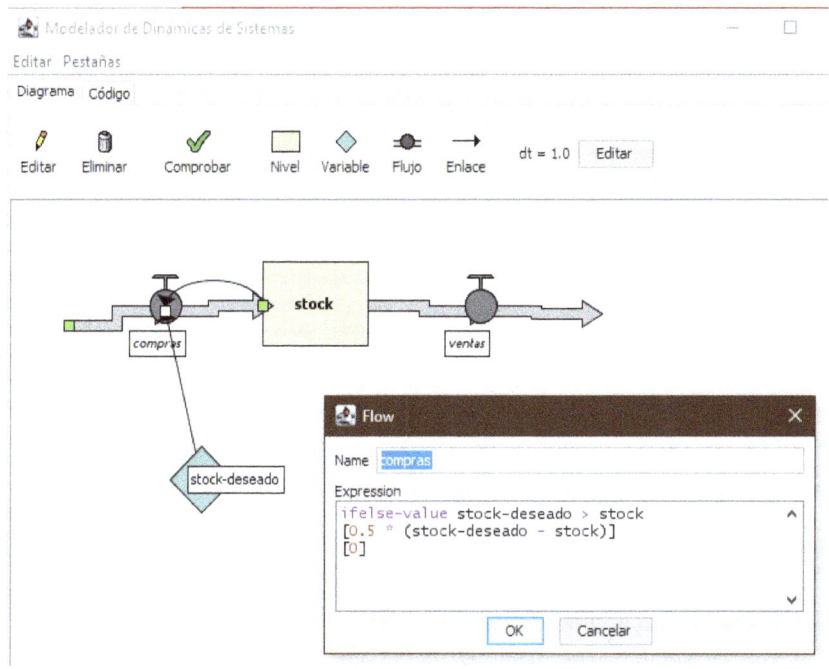

Diagrama de Forrester en NetLogo

El rectángulo denominado **Nivel** sirve para representar una variable cuyo valor cambia según lo especificado en los **Flujos** de entrada y salida que se conectan a dicho nivel. El gráfico anterior analiza cómo varía la cantidad de una determinada mercancía en nuestros almacenes (*stock*). El flujo de entrada (*compras*) indica cómo aumenta el stock; el flujo de salida (*ventas*) indica cuánto se reduce. En un diagrama de Forrester puede haber varios niveles, dependiendo de las variables que nos interese analizar. Cada nivel puede tener varios flujos de entrada/salida.

Un flujo es definido por una fórmula, que es cualquier expresión de NetLogo. Dando doble clic sobre su símbolo hemos asignado al flujo *ventas* la fórmula `random 15`, para indicar que en cada periodo se consumen entre 0 y 15 unidades de la mercancía bajo estudio. La fórmula de *compras* es más compleja. Hemos asumido que existe un nivel deseado de la mercancía analizada. Este dato está representado por el rombo *stock-deseado*, cuyo valor es `100`. Cada vez que el stock actual se encuentra por debajo del valor deseado se comprarán nuevas unidades, más específicamente, el 50% de la diferencia, con la esperanza de restablecer poco a poco la mercancía a su nivel ideal. Por el contrario, cuando la mercancía está por encima del nivel deseado no se hacen más compras.

Las flechas o **enlaces** que salen del rectángulo y el rombo hacia el flujo de entrada indican que la fórmula de *compras* depende de ambos valores, i.e. `0.5*(stock-deseado - stock)`. En particular, la flecha que va desde *stock* a *compras* es un bucle de realimentación negativo: cuando mayor es el stock, menores serán las compras, y viceversa.

Cada vez que dibujamos un diagrama de Forrester NetLogo escribe automáticamente el código que lo soporta. Este código de sólo-lectura no se encuentra en nuestra conocida pestaña de código de la interfaz principal, sino en la pestaña de código del Modelador de Dinámica de Sistemas.

Una solución de una ecuación diferencial no es un único número, sino varios, que indican los continuos cambios de una variable a lo largo del tiempo. Al ejecutar el modelo anterior se calcula el valor de `stock` varias veces, cada `dt` unidades de tiempo. Por defecto `dt` es `1.0`, pero podría cambiarse incluso a valores fraccionarios cuando se requiera una simulación en tiempo continuo.

Para ejecutar el modelo se deben definir los siguientes procedimientos:

```
to setup
  clear-all
  system-dynamics-setup
  system-dynamics-do-plot
end

to go
  system-dynamics-go
  system-dynamics-do-plot
end
```

Cada ejecución del procedimiento `go` actualiza las variables de nuestro modelo logístico, lo que podría plasmarse en un gráfico.

En la figura de abajo se muestra cómo debe configurarse el control Gráfico para plotear variables calculadas por el Modelador de Dinámicas de Sistemas. No se necesita definir ninguna expresión en la columna Instrucciones de Actualización de Trazos. Basta con definir el Nombre del Trazo con el mismo nombre de algún elemento del diagrama de Forrester (p.ej. stock).

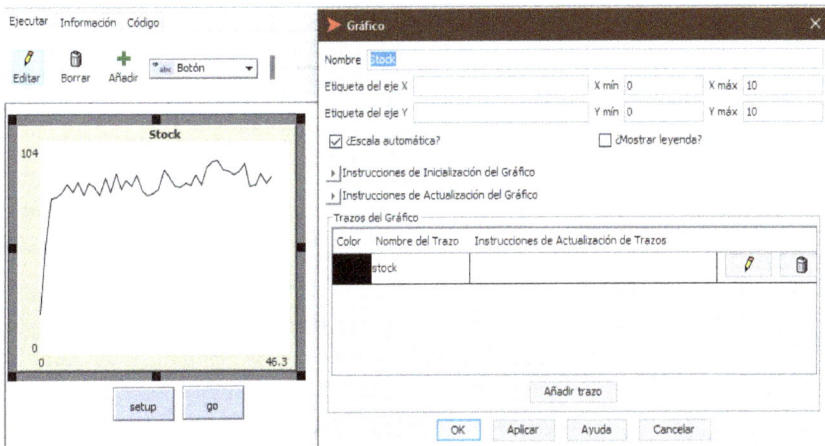

El trazo *stock* plotea los valores que toma la variable del mismo nombre especificada en el diagrama de Forrester

La Biblioteca de Modelos de NetLogo –a la que puede accederse desde el menú Archivos- incluye tres ejemplos clásicos de dinámica de sistemas: crecimiento exponencial, crecimiento logístico y el ecosistema lobos-ovejas de Lotka-Volterra. En los tres casos los modelos prescinden de la Vista y simplemente plotean los datos obtenidos por el Modelador de Dinámicas en un gráfico.

Nosotros queremos hacer algo más interesante. Los valores que calcula el Modelador de Dinámicas no necesariamente deben terminar en un gráfico, también podemos utilizarlos en nuestras simulaciones multiagente, para alterar el estado de la Vista, tal como mostraremos con el siguiente ejemplo.

Mostrando datos de un modelo dinámico en la Vista

El péndulo es un mecanismo bien estudiado en los cursos universitarios de Física. Consta de una masa colgante que luego de ser soltada a cierto ángulo desde su posición de equilibrio oscila interminablemente por acción de su propio peso y la tensión de la cuerda que la sostiene.

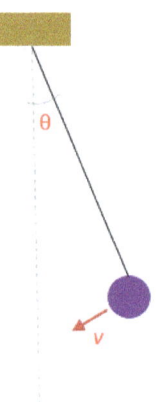

Las ecuaciones diferenciales que caracterizan el movimiento pendular son las siguientes:

$$d\theta = v$$
$$dv = \operatorname{sen}\theta$$

Estas indican (i) cómo varía el ángulo θ, medido entre la cuerda que sostiene la masa y la vertical, y (ii) cómo cambia la velocidad tangencial v del péndulo.

Para simular el movimiento pendular se necesita calcular continuamente los cambios de ambas variables, θ y v, a partir de valores iniciales arbitrarios, en nuestro caso, $\theta=15$ y $v=0$.

Nuestra estrategia consistirá en utilizar los diagramas de Forrester para resolver la ecuación anterior; es decir, para conocer los valores de θ y v en cada iteración. Luego estos valores servirán para actualizar la posición de un péndulo que habremos dibujado previamente en la Vista. Nuestro diagrama se vería así:

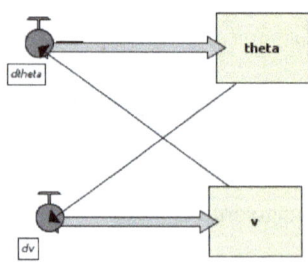

Los valores iniciales de θ (theta) y v son 15 y 0. Se ingresan dando doble clic en sus respectivos símbolos.

La fórmula a utilizar para el cambio de θ (dtheta) es `-1 * v`; y para el cambio de v (dv) es `sin` θ. Las flechas delgadas cruzadas indican que el cambio de una variable depende del valor de la otra.

Fuera del Modelador de Dinámicas de Sistemas y aparte de su código autogenerado debemos añadir los procedimientos mostrados abajo en la pestaña de código:

setup dibuja el péndulo usando dos tortugas y un enlace de longitud L que los conecta. La posición de la masa pendular (turtle 0) se actualiza en el procedimiento go.

```
globals [L]

to setup
  clear-all
  system-dynamics-setup
  system-dynamics-do-plot
  set L 20
  crt 1 [set shape "circle"
         setxy L * sin theta -1 * L * cos theta]
  crt 1 [set shape "square" setxy 0 0]
  ask turtle 0 [create-link-with turtle 1]
end

to go
  system-dynamics-go
  system-dynamics-do-plot
  ask turtle 0 [setxy L * sin theta -1 * L * cos theta]
end
```

En cada ejecución de go las ecuaciones del péndulo son resueltas por el Modelador de Dinámicas. El valor que obtiene para theta se usa para actualizar la posición del péndulo, con setxy L*sin theta -1*L*cos theta. El Modelador también obtiene un valor para v en cada iteración, pero este no se necesita para actualizar el gráfico.

Para que no haya cambios bruscos en el movimiento del péndulo puede asignar dt=0.001 en el Modelador de Dinámicas.

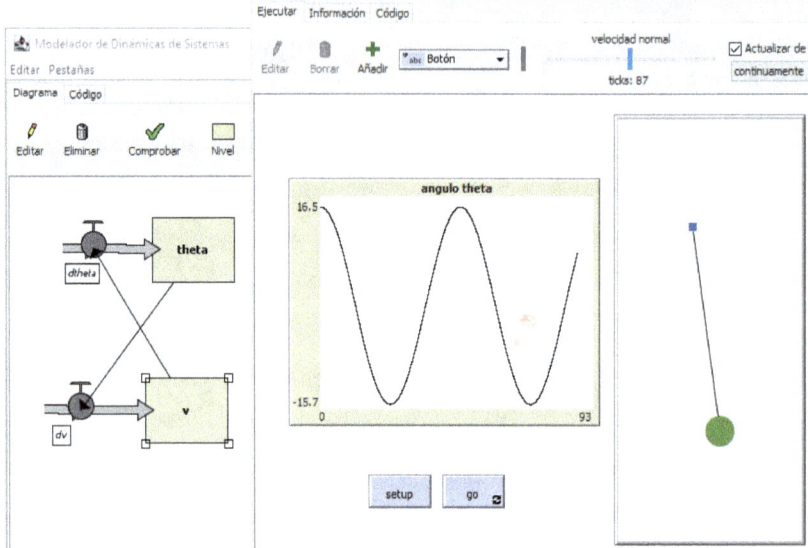

El Modelador de Dinámicas de Sistemas resuelve un sistema de ecuaciones cuyas variables se usan para modificar el estado visual de nuestras simulaciones

El Gráfico (plot) que se observa en la figura anterior debe definirse con nombre de trazo = `theta`. Muestra la posición del péndulo en cada instante.

CAPÍTULO XI

CAJITA DE SASTRE

Tenga cuidado con las cosas pequeñas. Su presencia o ausencia puede cambiarlo todo

Han Shan

Ya hemos estudiado los conceptos y herramientas más importantes del modelamiento de sistemas multiagente en NetLogo. Pero aún nos falta revisar algunas primitivas y funcionalidades que, al ser muy diversas y difíciles de reunir bajo un tema inequívocamente delimitado, han sido incluidas en la miscelánea de tópicos que conforman el capítulo final de esta primera parte del libro.

En el presente capítulo aprenderemos a crear vídeos, a sintetizar sonido, a importar y exportar archivos, a saltar entre distintos modelos de color, a utilizar la vista 3D, a crear modelos interactivos, a manipular archivos y otros trucos más que vale la pena conocer antes de emprender la segunda parte de esta aventura.

Exportando e importando data

Existe una serie de primitivas que nos permiten grabar en archivos ciertos datos de la simulación para su posterior análisis estadístico, por fuera de NetLogo.

La siguiente sentencia exporta el contenido de la vista al archivo `miview.png`:

```
export-view "miview.png"
```

Análogamente, `export-interface` genera un archivo (*.png) con toda la interface de usuario; es decir, la vista más los deslizadores, botones y otros controles que podría incluir la interfaz.

`export-output` exporta las salidas acumuladas del terminal de instrucciones a un archivo de texto (*.txt) cuyo nombre es pasado como parámetro.

`export-plot` exporta los puntos de todos los trazos contenidos en un gráfico a un archivo de datos separados por comas (*.csv). El primer parámetro de esta primitiva es el nombre del plot usado en la interface; el segundo, el nombre del archivo. `export-all-plots` solo utiliza un parámetro: el nombre del archivo csv donde se agruparán los datos de todos los trazos de todos los gráficos. `export-world` exportará el estado actual de los agentes en un archivo csv.

Cuando se especifica solo el nombre y no la ruta completa los archivos se graban en el mismo directorio del último modelo abierto. Si tiene problemas de acceso al intentar grabar los archivos pruebe abrir NetLogo en modo de administrador.

En cuanto a la importación, es posible inicializar las parcelas con los colores especificados en un archivo gráfico. Para ello puede ejecutar algo como:

```
import-pcolors "miview.png"
```

sobre un proyecto nuevo.

El archivo "miview.png" fue grabado previamente mediante la primitiva export-view. Para que la restauración sea exitosa, la resolución que tenía la Vista al ser exportada debe ser la misma que al momento de su posterior importación. La exportación/importación de una vista puede ser útil cuando se quiere ejecutar distintas simulaciones partiendo de una misma configuración inicial de las parcelas, la cual quedaría grabada en un archivo.

Por otro lado, la primitiva import-drawing no colorea las parcelas sino que coloca una imagen de fondo sobre la Vista. Abajo se muestra dos formas distintas de importar el mismo archivo "miview.png", que fue previamente exportado con export-view a partir de un micromundo de parcelas blancas y 10 tortugas gigantes.

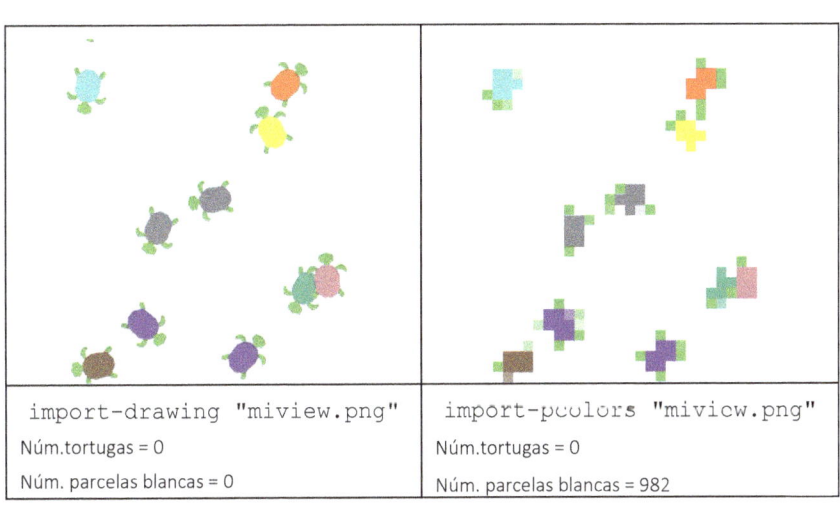

import-drawing "miview.png"	import-pcolors "miview.png"
Núm.tortugas = 0	Núm.tortugas = 0
Núm. parcelas blancas = 0	Núm. parcelas blancas = 982

Tal como se menciona en los subtítulos del gráfico anterior, las tortugas no son recuperadas en ninguna de las dos importaciones, solo se recuperan sus imágenes como pantalla de fondo. Si uno quisiera recuperar las tortugas para continuar dirigiéndolas, p.ej. con ask turtles [fd 1], etc., se debe usar import-world, pero no sobre un archivo de imagen (*.png), sino sobre uno previamente grabado con export-world.

Haciendo películas

Usando las extensiones de vídeo (`vid`) se puede integrar una secuencia de vistas en una película (*.mp4). El código siguiente graba una caminata de tortugas en una película de 500 fotogramas. Dado que las películas generadas por NetLogo contienen 25 fotogramas por segundo, el vídeo resultante durará 20 segundos.

```
extensions [vid]

to grabar
    vid:start-recorder
    repeat 500 [
        vid:record-view
        ask turtles [fd 1]
    ]
    vid:save-recording "c:\\mipeli.mp4"
end
```

La grabación inicia con `vid:start-recorder`. A partir de ese momento el vídeo se construirá añadiéndole imágenes. Cada vez que use `vid:record-view` el contenido de la vista se añadirá al vídeo en grabación, que ahora tendrá un fotograma más. También puede usar `vid:record-interface` para añadir una imagen de toda la pestaña Ejecutar, o sea, de la vista y los controles de usuario. El vídeo se grabará en el archivo `mipeli.mp4` del directorio raíz, con `vid:save-recording`. En el código anterior, la única diferencia entre un fotograma y el siguiente es que las tortugas han avanzado un paso (`fd 1`); pero, en general, pueden ocurrir muchos cambios entre un fotograma y otro.

En cualquier momento se puede llamar a `vid:recorder-status` para conocer el estado de la grabación, `inactive` o `recording`.

Para cancelar una grabación ya iniciada use `vid:reset-recorder`.

NetLogo 3D

Cualquier modelo puede ser ejecutado sobre una vista tridimensional. Para ello debemos ir al menú Herramientas y seleccionar la opción Switch to 3D View (Cambiar a la vista 3D). Inmediatamente se abrirá un nuevo formulario, una vista en la que usted puede elegir desde donde mirar. Puede girar, alejar/acercar y cambiar la perspectiva a su antojo, usando unos botones ubicados en la parte inferior del formulario: *Orbit*, *Zoom*, *Move*.

Abajo mostramos el mismo modelo creado en un capítulo anterior: Se trataba de un grupo de tortugas que se alimentaba de lechugas (parcelas verdes). Sin necesidad de escribir ni una línea de código puede disfrutar de la vista tridimensional a través del menú antes mencionado. La salida se muestra abajo:

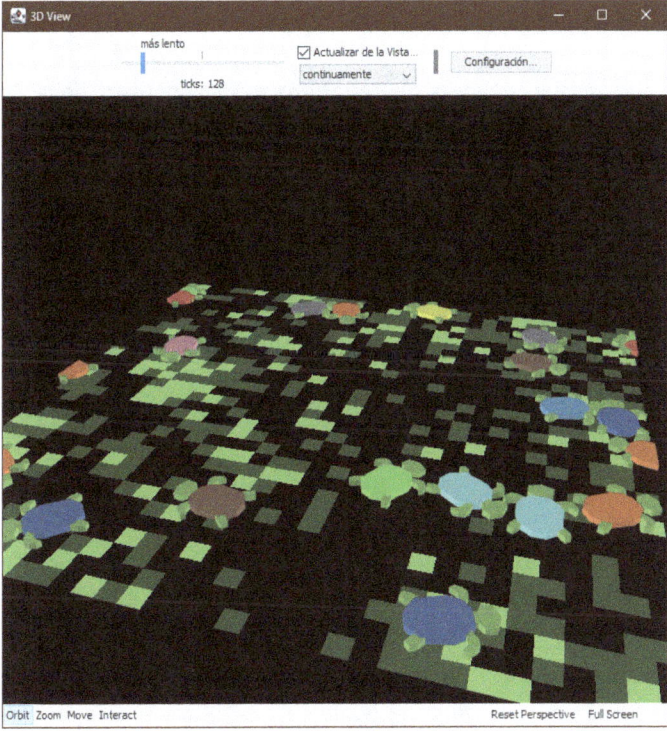

Las tortugas se mueven sobre un piso que ahora puede verse desde distintos ángulos

Ejecutar cadenas

Es posible pedirle a NetLogo que ejecute las intrucciones contenidas en una cadena texto. Para ello puede invocar la primitiva `run` que se muestra abajo:

```
run "clear-all ask patches [set pcolor white]"
```

Si la instrucción encomillada incluyera comillas, puede usar caracteres de escape, \, tal como se muestra abajo:

```
run "create-turtles 100 [set shape \"turtle\"]"
```

La primera sentencia limpia la Vista y pinta las parcelas de blanco; la segunda crea cien agentes con forma de tortuga.

En caso que quisiera invocar un reportero desde un texto debe utilizar la primitiva `runresult`. La siguiente sentencia retorna 4,141592...

```
runresult "0.5 + cos 60 + pi"
```

`runresult` se usa con cadenas que retornan valores; `run` con cadenas que ejecutan comandos.

Interactuando con el mouse

Asumiendo que el procedimiento `foo` mostrado abajo ha de ejecutarse continuamente desde un botón, el siguiente código permitiría crear tortugas en cada posición de la Vista donde el usuario presione el *mouse*.

La primitiva `mouse-down?` verifica si el *mouse* está presionado. En caso de que así sea, se crea una tortuga en el punto (`mouse-xcor, mouse-ycor`), la parcela donde se dio clic.

La primitiva `every 0.2` hace que la verificación del estado del *mouse* se realice cada 200 milisegundos. Si se omite esta primitiva se crearían muchas tortugas en cada punto donde se presione el *mouse*. Esto es así ya que, aunque no lo notemos, en cada clic el *mouse* se mantiene presionado varios milisegundos. En todo ese lapso la función `mouse-down?` arrojaría positivo y se crearían muchas tortugas, una por una, muy rápidamente. `every` no es un bucle como `repeat`, simplemente garantiza que las instrucciones encerradas dentro de su bloque no se volverán a ejecutar antes de transcurrido cierto intervalo de tiempo.

```
to foo
  every 0.2 [
    if mouse-down?
    [
      create-turtles 1 [set shape "turtle"
                        setxy mouse-xcor mouse-ycor]
    ]
  ]
end
```

¡Que suene la música!

Si no desea limitar la salida de sus modelos a gráficos de ploteo y tortugas caminando, puede incluir salidas auditivas con la extensión `sound`.

Los sonidos que NetLogo produce pueden provenir de fuentes de percusión (p.ej. tarola, pandereta, triángulo, etc.) o de instrumentos melódicos (p.ej. saxófono, clarinete, marimba, etc.). La lista de sonidos percusivos disponibles puede obtenerse con `sound:drums`; la de instrumentos melódicos, con `sound:instruments`.

Al colocar el siguiente código dentro de un botón que se ejecuta continuamente, haremos que cada paso de las tortugas sea acompañado por el sonido de una pandereta (TAMBOURINE). El segundo parámetro de `sound:play-drum` indica el volumen de las tonadas. Debe reducir la velocidad de simulación si no desea que las tonadas se sobrepongan haciendo un ruido insoportable.

```
ask turtles [fd 1]
sound:play-drum "TAMBOURINE" 50
```

Para disfrutar de los instrumentos melódicos se debe ejecutar la primitiva sound:play-note. Esta requiere cuatro parámetros: El primero especifica el instrumento a usar; el segudo es la nota MIDI, un entero en el rango 0-127. Las notas más altas corresponden a sonidos más agudos. El tercer parámetro especifica la intensidad del sonido, es un entero entre 0 y 127. El último parámetro indica la duración del sonido en segundos.

Los sonidos se sintetizan de manera asíncrona; no se espera a que se termine de ejecutar un sound:play-note para proseguir con la siguiente instrucción.

El siguiente código simula una pequeña orquesta de tres instrumentos: dos tubas y un clarinete. Estos lanzan cuatro notas en coro, el clásico TA-TA-TA-TA de las películas de suspenso. La última nota es más larga, dura un segundo, cuatro veces más que las tres primeras. La sentencia wait 0.25 evita que la segunda nota sea tocada antes de los 0.25 segundos que durará la primera, y también evita que la tercera nota interrumpa a la segunda.

```
extensions [sound]

to uy-que-miedo
    repeat 3 [
        sound:play-note "TUBA" 43 113 0.25
        sound:play-note "TUBA" 55  76 0.25
        sound:play-note "OBOE" 67  76 0.25
        wait 0.25
    ]
    sound:play-note "TUBA" 39 126 1
    sound:play-note "TUBA" 51 126 1
    sound:play-note "OBOE" 63  70 1
end
```

Manejo de archivos

La data contenida en las variables de un programa puede ser almacenada en archivos de texto en cualquier momento de la simulación. Existe una familia de funciones que permiten grabar y recuperar cadenas de formato arbitrario.

La rutina a seguir cuando se trabaja con archivos es más o menos la siguiente: Antes de empezar a leer o escribir un archivo, este debe abrirse con la primitiva `file-open`. Luego que el archivo ha sido abierto recién podemos proceder a leerlo o escribirlo, pero nunca ambas cosas a la vez. Después de concluir nuestro trabajo el archivo debe cerrarse usando la primitiva `file-close`.

El procedimiento `grabar-archivo`, mostrado abajo, escribe cinco cadenas (de la forma Esta es la línea 1, etc.) en el archivo "`prueba.txt`". Si este archivo ya existiera, el nuevo contenido sería añadido al final del mismo. Pero si no existiera, las cinco líneas de texto se grabarán en un archivo nuevo con ese nombre. La primitiva `file-print` graba la cadena pasada como parámetro seguida de un carácter de retorno.

Por defecto, los archivos nuevos se crean en la carpeta del último modelo utilizado; pero uno puede elegir el directorio escribiendo la ruta completa junto al nombre del archivo.

```
to grabar-archivo
    file-open "prueba.txt"
    let k 1
    repeat 5 [
        file-print (word "Esta es la linea " k)
        set k k + 1
    ]
    file-close
end
```

Si obtiene algún error inesperado a la hora de grabar un archivo, intente abrir NetLogo en modo administrador.

Las cadenas grabadas en "prueba.txt" pueden leerse con este código:

```
to leer-archivo
  file-open "prueba.txt"
  while [not file-at-end?]
  [
    show file-read-line
  ]
  file-close
end
```

Esta vez el archivo ha sido abierto en modo lectura. No hay ningún parámetro en el código que así lo indique, es el programador quien sabe que su intención al abrir el archivo es leerlo.

El bucle `while [not file-at-end?]` es la forma rutinaria como suelen leerse los archivos. Este se ejecuta hasta que se hayan leído todos los datos. La primitiva `file-at-end?` retorna `true` cuando el archivo abierto ya ha sido completamente leído. De no ser así, aún se puede seguir leyendo más datos. Hay varias formas de leer. En el programa anterior se ha leído el archivo línea por línea, con `file-read-line`, un reportero que retorna la línea leída y coloca el cursor de lectura en la siguiente línea.

A veces sería conveniente que el usuario pueda elegir interactivamente el nombre del archivo a grabar en lugar de tenerlo escrito en el código fuente. Esta funcionalidad puede implementarse con cuadros de diálogo, usando la primitiva `user-new-file`, tal como se muestra abajo:

```
to-report crear-nuevo-archivo
  let file user-new-file
  ifelse ( file != false )
  [ report file ]
  [ report "" ]
end
```

124

`crear-nuevo-archivo` presentará al usuario el cuadro de diálogo Nuevo. Este es el típico formulario que Windows usa para que el usuario pueda navegar hasta un directorio específico y escribir el nombre del archivo que allí desea crear. Este procedimiento retorna el nombre completo del archivo seleccionado por el usuario; o una cadena vacía, "", si el usuario presiona el botón Cancelar del cuadro de diálogo.

Como ejercicio final de esta sección pasaremos a mostrar cómo grabar ciertos datos de las tortugas en un archivo, para que podamos recuperarlos después, en cualquier momento y, a partir de allí, reconstruir el escenario original.

El procedimiento `graba-datos-tortugas` hace la primera parte. Cada tortuga graba su posición (`xcor` y `ycor`) y `color` en un mismo archivo cuyo nombre está almacenado en la variable `nomb-arch`. Al grabar con `file-write` los datos se graban seguidos, en una misma línea, dejando un espacio en blanco entre uno y otro. O sea, el archivo grabado contendrá una seguidilla de números que conviene recuperar de tres en tres. Así es justamente como ocurre en el procedimiento `recupera-tortugas`. Las tres invocaciones a `file-read` que se hacen en cada iteración del bucle `while` recuperan la xy-posición y `color` de cada tortuga que estuvo presente en la simulación cuando se ejecutó `graba-datos-tortuga`. Estos datos se asignan a las tortugas nuevas (con `setxy` y `set color`), que se van creando a imagen y semejanza de las anteriores (al menos en lo que a posición y color respecta).

```
to graba-datos-tortugas
   let nom-arch crear-nuevo-archivo
   if nom-arch != "" [
      file-open nom-arch
      ask turtles [file-write xcor
                   file-write ycor
                   file-write color]
      file-close
   ]
end
```

```
to recupera-tortugas
  let nom-arch elegir-archivo
  if nom-arch != "" [
    file-open nom-arch
    while [ not file-at-end? ]
    [
      create-turtles 1 [setxy file-read file-read
                        set color file-read]
    ]
    file-close
  ]
end
```

El reportero `elegir-archivo`, usado en `recupera-tortugas`, es casi idéntico a `crear-nuevo-archivo` excepto que invoca al cuadro de diálogo Abrir en lugar de Nuevo; o sea, `user-file` en vez de `user-new-file`.

Dentro de la extensa familia de funciones de manejo de archivos vale mencionar la primitiva `file-close-all`, que cierra todos los archivos abiertos. Dependiendo de las particularidades de cada programa, a veces suelo utilizar un `file-close-all` antes de cada `file-open` para asegurarme que se cierren los archivos que pudieron haber quedado abiertos de anteriores ejecuciones (p.ej. porque el programa colapsó antes de llegar a `file-close`). En caso que no hubiese archivos abiertos `file-close-all` no hace nada.

No podemos acabar sin hacer una mención honrosa a `file-delete`, que permite borrar el archivo cuyo nombre es pasado como parámetro.

Sobre gustos y colores

Los dos modelos de color más utilizados en la actualidad son RGB (Red, Green, Blue) y HSB (Hue, Saturation, Brightness).

En el sistema RGB un color se especifica con tres números, cada uno entre 0 y 255. Estos representan la «cantidad» de rojo, de verde y de azul que contiene dicho color. El modelo RGB aprovecha el hecho que cualquier color es una mezcla de los tres colores primarios en distintas proporciones.

En el sistema HSB cada color se representa también con tres números, que indican su matiz (hue), saturación (saturation) y brillo (brightness). La matiz es un número, entre 0 y 360, asociado a una tonalidad de la rueda mostrada abajo. Por ejemplo, la matiz del rojo es 0° (o 360°); la del verde, 120°; y la del azul, 240°.

Rueda de colores (matices) del sistema HSB

La saturación es un valor en el rango 0-100 que indica cuan nebuloso/gris es un color. El valor 100 indica que el color es «puro», no hay ninguna niebla sobre él. Conforme decrece la saturación el color parece más nublado. Cualquier color cuya saturación sea 0 luce gris.

El brillo también se especifica en el rango 0-100. Indica cuan iluminado está un color. A menor brillo el color se ve más oscuro, como si lo apreciáramos dentro de una habitación poco iluminada. Cualquier color cuyo brillo sea 0 luce negro.

Se puede convertir un color codificado en RGB o HSB a la escala de colores 0-140 usada por NetLogo usando `approximate-rgb` y `approximate-hsb`, respectivamente. Las siguientes instrucciones retornan 14.9. El valor que NetLogo usa para identificar al color rojo es 15.

```
observador> aproximate-rgb 255 0 0
observador> aproximate-hsb 0 100 100
```

La operación opuesta se realiza con `extract-rgb` y `extract-hsb`. La primera devuelve una lista con los tres componentes RGB del color pasado como parámetro. La segunda retorna otra lista, también de tres elementos, con la matiz, saturación y brillo del color pasado como parámetro. Abajo se muestran las componentes RGB y HSB del color que NetLogo cataloga como `red`:

```
observador> extract-rgb red
observador> extract-hsb red
```

NetLogo clasifica los colores alrededor de 14 colores-base. Estos pueden listarse con `base-colors`. En palabras simples, cualquier color en NetLogo es una versión más clara o más oscura de estos colores-base. Para saber si dos colores, c1 y c2, son derivados de una misma base puede usarse `shade-of? c1 c2`.

Siguiendo con el tema de los colores, debemos decir que en NetLogo es posible reflejar la magnitud de una variable mediante la intensidad de un color determinado. Para debe usarse la primitiva `scale-color`.

Abajo se muestra cómo quedaría la Vista si hacemos que la variable `pxcor` de las parcelas se vea reflejado en la escala de rojos. Considere que la variable `pxcor` oscila entre -16 y 16.

ask patches [set pcolor scale-color red pxcor -16 16]

ask patches [set pcolor scale-color red pxcor 0 16]

ask patches [set pcolor scale-color red pxcor -30 30]

Las mariposas negras

A inicios del s. XIX, en pleno auge de la Revolución Industrial, el entorno se vio fuertemente afectado por las humaredas de las fábricas. En ciudades como Manchester, por ejemplo, los troncos de los abedules fueron tiñéndose de negro, una clara señal de la polución de carbón de aquellos años. Esto perjudicó drásticamente a una especie de mariposa (*biston betularia*) que solía vivir en los troncos de esos árboles. Su color predominantemente blanco sobre un fondo ennegrecido las hacía presa fácil de sus depredadores, los pájaros. Pero no todas las mariposas de los abedules sufrieron por igual. Aquellas que poseían extensas manchas negras corrieron mejor suerte que las que solo poseían algunos puntitos negros. La presión selectiva en favor de los ejemplares más oscuros, cuyo camuflaje era más efectivo, hizo que, en menos de un siglo, las *biston betularia* blancas desaparecieran casi por completo de Manchester.

Cerraremos este capítulo modelando este fenómeno, conocido como melanismo industrial. Para ello usaremos agentes-pájaro y agentes-mariposa. Por lo general, los primeros se comerán a los segundos cada vez que ocurra un encuentro, aunque este festín será menos probable cuando el color del agente-mariposa sea muy similar al color del fondo que habita, i.e. al color de las parcelas.

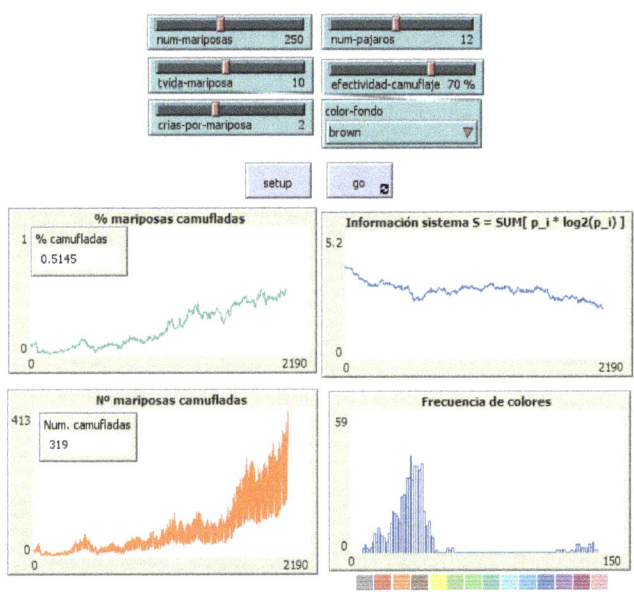

La interfaz del modelo se muestra en el gráfico anterior. Hay controles para elegir la cantidad de mariposas y pájaros que habrá al inicio de la simulación. En nuestro modelo, el número de pájaros se mantiene constante; las mariposas, en cambio, mueren. Su tiempo promedio de vida se especifica con el deslizador `tvida-mariposa`. Las que llegan a alcanzar esta edad promedio se reproducen, pariendo `crias-por-mariposa` hijos cada una. Las mariposas cuyo color se asemeje al color de fondo no tienen la vida garantizada en caso de cruzarse con un pájaro. Su camuflaje solo las protegerá un `efectividad-camuflaje%` de las veces. El color de fondo es elegido desde un seleccionador.

En cuanto a los gráficos, los dos de la izquierda darán a conocer al usuario cómo varía en el tiempo la cantidad (absoluta y relativa) de mariposas cuyo color coincide con el fondo. El de la esquina superior derecha muestra la información (entropía) contenida en el sistema; el de la esquina inferior derecha indica cuántas mariposas de cada color hay en cada instante.

El código del botón de inicialización (setup) se muestra abajo:

```
breed [mariposas mariposa]
breed [pajaros pajaro]
mariposas-own [edad]

to setup
  clear-all
  set-default-shape mariposas "butterfly"
  set-default-shape pajaros "bird"
  ask patches [set pcolor read-from-string color-fondo]
  create-mariposas num-mariposas [
                    setxy random-xcor random-ycor
                    set edad 0
                    ]
  create-pajaros num-pajaros [set color white]
  reset-ticks
end
```

El aspecto por defecto de las mariposas será butterfly; y el de los pajaros, bird. La primitiva read-from-string, usada para especificar el color de las parcelas, evita que el valor seleccionado por el usuario en la interfaz sea interpretado como cadena. Si se omite, el código ejecutaría sentencias como set pcolor "brown", lo cual causará errores. Para que dicha cadena sea interpretada como la constante brown o, en su defecto, como su código numérico 35, se requiere usar read-from-string. La edad de cada mariposa se registra en su variable edad, añadida a su raza al inicio del programa, con mariposas-own [edad].

La parte principal de la simulación se implementa con el siguiente código:

```
to go
  ask mariposas [
    fd random-float 2
    set heading heading + random-normal 0 5
    set edad edad + 1
    if edad = tvida-mariposa [
      hatch crias-por-mariposa [
        set edad 0
        set color [color] of myself + random-normal 0 1]
      ]
      if edad > random-normal tvida-mariposa (tvida-mariposa / 5)
        [die]
  ]
  ask pajaros [
    fd 1
    foreach sort mariposas-here
    [ m -> ifelse shade-of? [pcolor] of patch 0 0 [color] of m
          [if random 100 > efectividad-camuflaje
              [ask m [die]]
          ]
          [ask m [die]]
    ]
```

```
    set heading heading + random-normal 0 10
  ]

  if length filter [w -> w > 0]
    map [y -> length filter [z -> z = true]
    map [x -> shade-of? x y] [color] of mariposas] base-colors = 1
    [stop export-all-plots "datos.csv"]

  tick
end
```

En cuanto a las mariposas, las que alcanzan la edad promedio (i.e. edad = tvida-mariposa) se reproducen. Su número de crias será crias-por-mariposa. Estas vendrán al mundo recién salidas de fábrica (set edad 0); su color no será exactamente igual al de sus padres ([color] of myself), sino ligeramente distinto, tal como lo indica la variación random-normal 0 1. Note que no necesariamente todas las mariposas se reproducen. Algunas nunca llegan a los tvida-mariposa ticks de edad. Esta variable no representa la edad de cada mariposa, sino el tiempo de vida promedio de la especie. El tiempo de vida de una mariposa específica vendría a ser un número aleatorio obtenido de una distribución normal con media tvida-mariposa.

En cuanto a los pájaros, casi siempre matan a las mariposas m que coinciden en la misma parcela con ellos, es decir, a mariposas-here. Las únicas que tienen chance de salvarse son las mariposas cuyo color se asemeja al color de fondo; o sea, aquellas donde shade-of? [pcolor] of patch 0 0 [color] of m retorna true. La probabilidad de supervivencia de una mariposa ante un encuentro con su depredador natural se cuantifica en la variable efectividad-camuflaje, asignada por el usuario a través de un deslizador de la interfaz.

Finalmente, la extensa expresión utilizada en la última sentencia condicional (lenght filter [...] map [...] map [...]) sirve para detener la simulación cuando ya solo quedan mariposas de un mismo color o, más precisamente, cuando todos los colores de las sobrevivientes son derivaciones de un único color base. Según nuestra experiencia, las simulaciones suelen concluir con cierto número de mariposas bien camufladas sobre el color de fondo usado.

Luego de 2000 iteraciones de una simulación ejecutada con los parámetros del gráfico anterior, (i.e. sobre un fondo marrón), vemos como la población de mariposas marrones aumenta en el tiempo. Su mejor camuflaje le da más chances de supervivencia. El total de mariposas marrones se obtiene con:

count mariposas with [shade-of? color [pcolor] of patch 0 0].

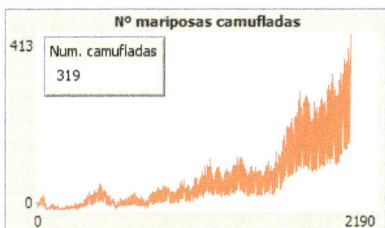
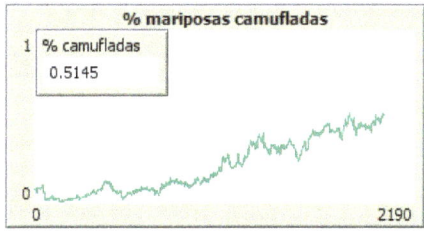

El porcentaje que ello representa de la población total se obtiene con una fórmula muy similar. En el mismo instante que estamos comentando ya hay una clara mayoría de mariposas marrones. Así lo indica el histograma mostrado abajo, cuya fórmula es histogram [color] of mariposas.

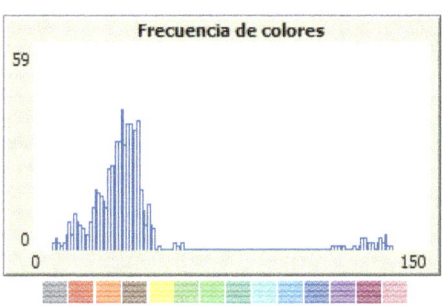

Cada etiqueta de colores debajo del histograma es un control de usuario (denominado Salida); cuyo texto es una barra (código ASCII = 178) de cierto color.

También se ha representado la información (entropía) del ecosistema. Esta se calcula conociendo qué porcentaje de mariposas de cada color existe en cada momento. Asumiendo que las mariposas de color i representan el p_i% de toda la población de insectos, la información (entropía) del ecosistema, según la fórmula de Shannon, sería la sumatoria de los términos: $p_i * log_2 (p_i)$.

La información disminuye cuando hay menos variedad en la población. No se necesitan muchos bits para codificar una población donde casi todos sus miembros son iguales.

PARTE II

INTRODUCCIÓN A LA CIENCIA DE LA COMPLEJIDAD

En las últimas décadas, ramas tan dispares como la Biología, la Física, la Química, la Ingeniería y las Ciencias Sociales han empezado a notar que muchos de los fenómenos que observamos diariamente no se deben a las capacidades individuales de sus entidades participantes sino, principalmente, a las interacciones entre estas. Se ha tenido que aceptar que incluso las entidades más sencillas, como una neurona, una molécula o una hormiga, al juntarse e interactuar pueden producir algo así como una «inteligencia colectiva», que no pertenece a ninguno de estos agentes por separado, pero que, sin embargo, pertenece a todo el conjunto. Esta «inteligencia colectiva» no es consecuencia del mero aglutinamiento de agentes; es indispensable que estos puedan comunicarse de algún modo, que la conducta de uno influya en los otros. Así, cuando millones neuronas conectadas por medio de enlaces sinápticos se comunican a través de impulsos eléctricos se produce la conciencia humana. Y cuando una hormiga sigue el rastro de feromonas dejado en el suelo por otras miles siempre termina tropezando con la fuente de alimento más cercana a su nido. Incluso la vida surgió como consecuencia de la interacción de moléculas simples en la sopa primordial.

Pero no son solamente la conciencia, el conocimiento y la vida quienes emergen espontáneamente a partir del juego colectivo entre múltiples agentes. Este mismo tipo de fenómenos ya ha sido advertido en diferentes áreas de estudio:

Un comportamiento complejo, altamente organizado, que se manifiesta a nivel macroscópico pero que es producido a nivel microscópico, causado por la interacción entre una multitud de agentes sencillísimos, tanto en su estructura física como en su comportamiento. El estudio de estos fenómenos emergentes y la formulación de un marco teórico común es el anhelo de una ciencia multidisciplinaria que ha sido bautizada como Ciencia de la Complejidad.

NetLogo es una herramienta idónea para esta nueva Ciencia. Podría considerarse como un microscopio al mundo de la complejidad. Sus primitivas no fueron diseñadas para manipular variables ni gestionar la memoria, sino para especificar los diversos tipos de interacción que podrían existir dentro de un grupo de agentes. Las herramientas de NetLogo confluyen para revelarnos, visual y numéricamente, las consecuencias de la cooperación y competición interagentes especificadas en un modelo. Sin importar cuan infrecuente, prolongado o peligroso sea un determinado fenómeno en el mundo real, puede usarse Netlogo para simularlo muchas veces, rápidamente y de manera segura, aumentando así las posibilidades de un estudio más metódico y una mejor comprensión de su complejidad subyacente.

NetLogo y sus simulaciones multiagente permiten un acercamiento alternativo a los fenómenos naturales y sociales. No utilizan el **método analítico**, que reduce cada fenómeno a una serie ecuaciones diferenciales, cuyo desarrollo permite anticipar cómo será la evolución de un sistema. Las simulaciones multiagente, en cambio, utilizan el **método sintético**. Aquí se «construyen» los fenómenos. Se especifica el comportamiento de las partes y se espera a que el fenómeno aparezca por sí solo, espontáneamente, con toda su riqueza y espectacularidad.

Entre las herramientas que permiten estudiar la complejidad se cuentan: los autómatas celulares, los fractales, las hormigas artificiales, las redes neuronales, los algoritmos genéticos, entre otros. En todos estos, un comportamiento colectivo emerge a partir de conductas individuales.

En esta segunda parte del libro implementaremos y discutiremos algunas de estas herramientas.

TUR-MITAS

Uno de los modelos clásicos en el estudio de la complejidad es el de las caminatas de las termitas virtuales propuestas por Greg Turk a finales de los 80's. Estas tur-mitas fueron «descubiertas» por este estudiante de la Universidad de North Carolina cuando intentaba generalizar la máquina de Turing a dos dimensiones.

Las tur-mitas tienen un **sensor** a través del cual perciben el color de la parcela sobre la que se encuentran. Además poseen dos **efectores**: uno que les permite girar mientras caminan; y otro que usan para pintar la parcela que ocupan. A pesar de su extrema sencillez estos insectos describen trayectorias inesperadamente complejas. De algo que parece ser completamente aleatorio durante los primeros 10,000 pasos súbitamente emerge un patrón: las tur-mitas dejan de vagar al azar y escapan del caos describiendo una trayectoria regular, que se asemeja a una escalera que desciende ordenadamente hacia el infinito. Resulta casi imposible que alguien pueda predecir que dicho orden aparecería intempestivamente, luego de una larga turbulencia inicial.

Abajo se muestra el alboroto causado por una sola termita en una superficie completamente blanca de [-60 60] x [-60 60].

Luego de 9,824 pasos parece que la tur-mita vaga sin rumbo ni objetivo

Luego de 10,328 pasos ya se aprecia la formación de un patrón

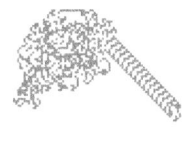
A los 11,625 pasos la turmita ya ha escapado del caos inicial

Las parcelas solo pueden tener dos colores: blanco y gris. Cada termita que ingresa a una parcela blanca gira 90 grados a la izquierda y pinta la parcela de gris. Similarmente, cada termita que ingresa a una parcela gris la pinta de blanco y gira en ángulo recto a la derecha. Resulta fácil implementar la lógica descrita con el siguiente código:

```
to setup
  clear-all
  ask patches [set pcolor white]
  create-turtles 1 [set heading 0 set shape "bug"]
  reset-ticks
end

to simular
  ask turtles [dar-paso]
  tick
end

to dar-paso
  ifelse pcolor = white
    [set pcolor gray lt 90 fd 1]
    [set pcolor white rt 90 fd 1]
end
```

El programa anterior describe la trayectoria de una tur-mita (bug) que inicialmente está mirando hacia el norte (set heading 0).

En cada paso de su caminata (dar-paso), la tur-mita cambia el color de la parcela que ocupa y gira en ángulo recto hacia la izquierda (lt 90) o derecha (rt 90), dependiendo del color original de su parcela. Luego de girar avanza en la nueva dirección (fd 1).

Recuerde que en NetLogo los agentes pueden acceder a las variables de la parcela que ocupan. Por ello es posible para las tur-mitas leer y modificar la variable de parcela pcolor.

Abajo se muestran las trayectorias de dos tur-mitas que parten desde los puntos (15, 0) y (-15, 0) e inicialmente se miran una a la otra. Sus dibujos independientes

140

se entremezclan luego de 5,000 iteraciones. Aunque cada tur-mita altera el color del piso sobre el que camina la otra, esto no impide que, al igual que antes, cada una halle su carretera de escape del caos. De alguna forma, la conducta de cada tur-mita resiste a las pequeñas perturbaciones causadas por la otra.

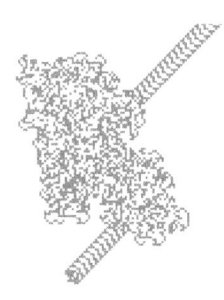

Luego de 5,138 iteraciones de dos tur-mitas

Después de 17,330 pasos una de ellas aprende a escapar del caos

Después de 19,000 pasos la segunda también «sienta cabeza»

AUTÓMATAS CELULARES

Los autómatas celulares fueron concebidos por John von Neumann como una abstracción matemática que le permitiría replicar el proceso reproductivo de organismos multicelulares en el mundo digital. Incluso después de que Neumann logró construir su máquina autorreproductora, en los 40's, los autómatas celulares se mantuvieron vigentes.

Un autómata celular es un conjunto de células esparcidas en las celdas de una rejilla, de modo que siempre hay una célula por celda. Cada célula puede estar en uno de dos **estados**, «viva» o «muerta», los cuales cambian a lo largo del tiempo. El estado de una célula depende del estado de sus vecinas en el periodo anterior. Los detalles de esta relación se especifican mediante una **regla de transición**, que es la misma para todas las células.

A pesar del espacio-tiempo discreto en que evolucionan los autómatas celulares, es posible utilizar esta herramienta para modelar procesos continuos, como tráfico vehicular, fenómenos ferromagnéticos, diferenciación celular, flujo de fluidos, dinámica poblacional, entre otros.

La implementación de autómatas celulares en NetLogo es bastante directa. Cada parcela puede ser vista como una célula, que será de color blanco si está viva o negro en caso contrario. El vecindario de una célula se obtiene fácilmente con la primitiva `neighbors`.

El juego de la vida

A continuación implementaremos un autómata conocido como El Juego de la Vida, que saltó a la popularidad en los años 70's, cuando fue propuesto por el matemático británico John Conway. Desde entonces y hasta ahora ha llamado la atención del público especializado porque genera patrones de células que se desplazan en grupo, como organismos multicelulares vivientes. A veces estos organismos se quedan inmóviles por un largo periodo para luego volver a las andadas, como esas ranas que quedan congeladas durante el invierno para «revivir» en la próxima primavera; y otras veces simplemente desaparecen, como si ya no pudieran escapar a su inexorable extinción.

La regla de transición del juego de Conway es la siguiente:

- Si una célula está viva pero hay menos de dos células vivas en su vecindario, la célula morirá por aislamiento.
- Si una célula está viva y tiene dos o tres células vecinas vivas, seguirá viviendo.
- Si una célula está viva pero hay más de tres células vivas en su alrededor, la célula morirá por hacinamiento.
- Si una célula está muerta pero tiene exactamente tres vecinas vivas, la célula resucitará en la siguiente iteración.

La regla anterior se implementa así:

```
to actualiza-estado
   let vecinos-vivos count neighbors with [pcolor = white]
   ifelse estado = 1
   [ if vecinos-vivos != 2 and vecinos-vivos != 3
      [set estado 0]
   ]
   [ if vecinos-vivos = 3 [set estado 1] ]
end
```

`actualiza-estado` es invocado en cada iteración y para cada célula. La cantidad de vecinas «vivas» que rodean a una célula, i.e. `count neighbors with [pcolor=white]`, se almacena en la variable `vecinos-vivos`.

Según la regla, una célula viva (`estado = 1`) puede morir (`set estado = 0`) de aislamiento o hacinamiento; es decir, cuando no goza de condiciones ideales de vida, lo cual solo ocurre cuando está rodeada de dos o tres vecinos. Por otro lado, una célula muerta solo revive (`set estado = 1`) cuando tiene exactamente tres vecinos alrededor.

La variable `estado` ha sido previamente añadida a las parcelas, al inicio del programa, con `patches-own [estado]`.

Hay una sutileza que vale la pena mencionar. Hubiese sido un error calcular el número de vecinos vivos con `count neighbors with [estado = 1]`. De ser así, el cambio de `estado` de una célula afectaría el conteo de células vivas en el vecindario de otras. Dado que los autómatas celulares deben aplicar la regla de transición simultáneamente a todas las células, se tuvo que redundar el estado de cada célula, i.e. registrarlo en dos lugares: en su `color` y en su variable `estado`. Inmediatamente después de actualizar el `estado` de todas las células se actualiza su color, para que esté en concordancia con el `estado` previamente actualizado.

La actualización del color de las células se implementa de la siguiente forma:

```
to actualiza-color
   set pcolor ifelse-value estado = 1 [white][black]
end
```

El procedimiento `jugar` debe ser ejecutado continuamente desde un botón en la interfaz de usuario.

```
to jugar
   ask patches [actualiza-estado]
   ask patches [actualiza-color]
   wait 0.1
end
```

La pausa de 100 milisegundos (`wait 0.1`) entre iteraciones es para darle tiempo suficiente al ojo humano para que pueda disfrutar de la aparición y evolución de organismos multicelulares virtuales.

El lector podría incluir un procedimiento para inicializar aleatoriamente el estado de las células. Por ejemplo, podría usar algo como `ask patches [ifelse random-float 1 < 0.5 [set pcolor white set estado 1] [set pcolor black set estado 0]]` para empezar con la mitad de las células vivas.

Entre la jungla de rarezas que desfilan por el juego de la vida me permitiré mencionar algunas de mis favoritas: La estrella es un organismo que oscila entre las tres configuraciones mostradas abajo. Si consideramos al autómata celular como un sistema dinámico, esta figura cambiante sería algo así como un ciclo límite del sistema.

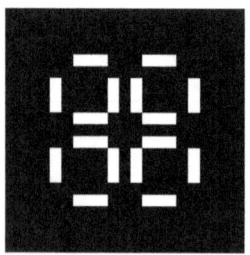  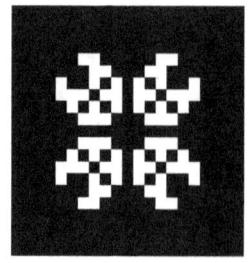

La estrella o púlsar es un patrón oscilatorio del juego de la vida. La regla de transición aplicada a cualquiera de estas figuras produce la siguiente

A diferencia de la estrella, que oscila sin moverse, hay otras figuras que se arrastran por el suelo, contagiando de vida a las estructuras petrificadas que encuentran a su paso, las cuales reviven apenas sienten el «cálido» contacto vital. Dos de estos organismos móviles que contagian su vitalidad son la nave espacial y el deslizador.

Nave espacial Deslizador

No podemos dejar de mencionar otros curiosos ejemplares de la exótica fauna del juego de la vida. Son los Matusalenes, configuraciones celulares que viven un larguísimo tiempo. Por ejemplo, R-pentomino es una de las criaturas más fértiles. Inicialmente consta de apenas 5 células que se multiplican y llegan incluso a producir deslizadores que avanzan hacia el infinito. Duro de matar es otra criatura longeva; llega a vivir 130 iteraciones antes de desaparecer completamente del radar. Se conjetura que es el organismo más longevo de siete células que existe.

R-pentomino   Duro de matar

Existen varias maneras de generalizar el juego de la vida que hemos estudiado. Por ejemplo, las células pudieron haber sido esparcidas sobre un mundo compuesto de casilleros hexagonales o triangulares, lo cual hubiese afectado el número de vecinos de cada célula. Además, las células podrían tener un número arbitrario de estados en lugar de tener que oscilar siempre entre «vivo» y «muerto». En cuanto al vecindario, el juego de la vida considera como vecinas de una célula a sus ocho células adyacentes (vecindario de Moore). Pero también se pudo haber considerado solamente a las células ubicadas a la derecha, izquierda, arriba y abajo; de este modo cada célula tendría solo cuatro vecinas (vecindario de Neumann). Finalmente, la regla de transición usada en este ejemplo es determinística; pero otros automatas podrían incluir cierto grado de aleatoriedad en la misma.

Una de las cosas más intrigantes de los autómatas celulares es que a pesar de que sus reglas de transición son simples resulta muy difícil predecir su estado futuro a partir de una configuración inicial: ¿todas las células terminarán muertas?, ¿se formarán patrones de células que oscilan entre dos o tres estados fijos?, ¿observaremos un comportamiento aperiódico y caótico de todo el conjunto? El hecho de que cada célula afecte el estado de sus vecinas, i.e. que exista interacción, complica enormemente la predicción. Aquí es donde se nota cómo la ciencia tradicional se ha centrado en el estudio de sistemas lineales, donde las partes están desacopladas, i.e. no interactúan; pero aún tiene limitaciones para lidiar con sistemas no lineales, de partes interactivas, donde para comprender el todo no basta con comprender las partes por separado. Los autómatas celulares son una herramienta sencilla para poder estudiar el impacto de las interacciones en la conducta resultante de un sistema.

Ser como la mayoría

Ahora estudiaremos otro autómata celular donde el estado de cada célula se determina por la regla de la mayoría: cada célula adquirirá el color que más se repita entre las células de su vecindario.

Para obtener resultados interesantes consideraremos vecindarios de distintos tamaños. Llamaremos vecindario de radio R de una célula al conjunto de células ubicadas a R pasos o menos de esta, considerando que los pasos pueden darse horizontal, vertical o diagonalmente.

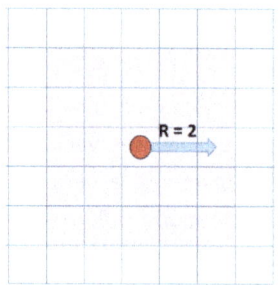

El vecindario R=2 de la célula roja ha sido sombreado.
Todo R-vecindario de un célula incluye a la célula misma

Las figuras de la tabla inferior han sido obtenidas mediante cuatro simulaciones sobre una misma población inicial de puntos blancos y negros esparcidos aleatoriamente. En todos los casos, luego de cierto número de iteraciones, el estado de las células se estabiliza. El autómata alcanza un estado de equilibrio.

R=1; 25 iteraciones   R=2; 74 iteraciones   R=3; 68 iteraciones   R=4; 353 iteraciones

Configuración inicial generada con semilla=1978

La figura de la izquierda es el estado de equilibrio cuando se considera vecinas de una célula a las que están en contacto directo con esta; o sea, cuando el radio del vecindario es R=1. Este estado de equilibrio es alcanzado en 25 iteraciones. Si siguiéramos aplicando la regla de transición a cada célula de la figura mostrada, éstas ya no cambiarían.

La segunda figura es el estado final que se alcanza luego de aplicar 74 veces la regla de la mayoría a la misma configuración inicial que se utilizó para la primera simulación. Pero ahora cada célula está influenciada por un vecindario más amplio, de radio R=2. Note que cuanto más grande sea el vecindario que se utiliza para definir el estado de una célula, más agresiva será la segregación entre células de distintos tipos; los distintos colores se soportan menos y quieren mantenerse lo más alejados posible unos de otros. De hecho, para R=4, las células blancas terminan expulsando a las negras de la matriz celular.

Para las simulaciones mostradas se utilizó un autómata de 121 x 121 celdas (i.e. una vista de [-60 60]x[-60 60]). Todas las simulaciones partieron de una misma configuración inicial, que fue generada con el código mostrado a continuación:

```
patches-own [estado ult-cambio]
```

```
to inicializar
  random-seed 1978
  clear-all
  reset-ticks
  ask patches [set pcolor one-of (list black white)
               set estado pcolor
               set ult-cambio 0]
end
```

El uso de una semilla específica, p.ej. `random-seed 1978`, permite que cada simulación genere la misma secuencia de números aleatorios y, por ende, la misma configuración inicial, que será posteriormente evaluada para distintos vecindarios (R=1, R=2, R=3 y R=4).

El programa considera que se ha alcanzado un estado de equilibrio cuando en más de diez iteraciones consecutivas ninguna célula cambia de estado.

```
to go
  ask patches [actualiza-estado]
  ask patches [actualiza-color]
  if min [ticks - ult-cambio] of patches > 10 [stop]
  tick
end
```

Los procedimientos `inicializar` y `go` se ejecutan desde botones en la interfaz. El botón `go` tiene activada la opción de ejecución continua.

Al igual que en el juego de la vida, primero se actualiza el `estado` de todas las células (en el primer `ask patches`) y después se actualiza su `color` (en el segundo `ask patches`) para que esté en correspondencia con el estado previamente actualizado. Así se emula el paralelismo característico de los autómatas celulares, i.e. se hace «parecer» que la regla de transición se ha aplicado a todas las células al mismo tiempo.

La regla de transición ejecutada por cada parcela se implementó así:

```
to actualiza-estado
    let L modes colores-vecindario radio-vec
    if estado != item 0 L [
        set estado item 0 L
        set ult-cambio ticks
    ]
end
```

La lista L contiene el color que más se repite en el vecindario de radio radio-vec de la parcela solicitante. El valor de radio-vec se define en un deslizador.

El estado de la parcela solicitante se asigna con el estado de la mayoría, almacenado en la primera posición de L, i.e. item 0 L.

El periodo donde ocurrió el último cambio de estado de una célula se almacena en su variable de parcela ult-cambio.

La actualización del color se realiza de la siguiente manera:

```
to actualiza-color
    set pcolor estado
end
```

Finalmente, dentro del procedimiento colores-vecindario, los colores de las vecinas de la parcela ejecutante se almacenan en la lista lst-colores, que es devuelta a la función llamadora. El vecindario de cada parcela se navega usando un doble bucle repeat.

```
to-report colores-vecindario [R]
  let x R + [pxcor] of self
  let y R + [pycor] of self
  let lst-colores []

  repeat 2 * R + 1 [
    repeat 2 * R + 1 [
      set lst-colores fput [pcolor] of (patch x y) lst-colores
      set x x - 1
    ]
    set y y - 1
    set x R + [pxcor] of self
  ]
  report lst-colores
end
```

R=1; 23 iteraciones   R=2; 61 iteraciones   R=3; 118 iteraciones   R=4; 112 iteraciones

Configuración inicial generada con semilla=1,000,001

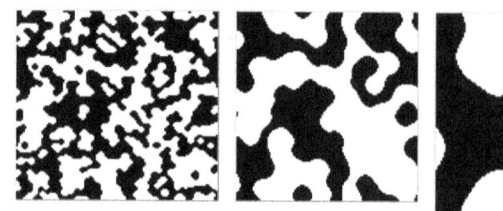  

R=1; 18 iteraciones   R=2; 49 iteraciones   R=3; 107 iteraciones   R=4; 184 iteraciones

Configuración inicial generada con semilla=1

Arriba, en la primera tabla, las cuatro imágenes muestran las configuraciones finales obtenidas luego de aplicar la regla de la mayoría a una misma población inicial (semilla=1,000,001) usando vecindarios de distintos tamaños, R=1,...4. Análogamente, la última tabla muestra el estado final de cuatro simulaciones que inician con la misma configuración inicial, obtenida usando semilla=1. Algunas de las figuras mostradas se asemejan a las pieles de algunos animales o a los cauces de los ríos.

MÁQUINAS AUTORREPRODUCTORAS

En los años 1940's, John von Neumann se sentía intrigado por el marcado contraste que existía entre la producción de objetos inanimados y la reproducción de organismos vivientes. Mientras que en los procesos industriales las mercancías fabricadas siempre poseen menor complejidad que las máquinas que las producen, en el caso de los seres vivientes los hijos poseen una complejidad similar a la de los padres que los engendran. Neumann intentó construir una máquina (virtual) que produzca otras de similar complejidad. Y lo logró utilizando autómatas celulares. Específicamente, construyó un gigantesco autómata bidimensional de 29 estados que operaba en un entorno de decenas de miles de celdas. Luego de su muerte se logró probar que dicho autómata era una máquina de Turing; es decir, que podía realizar cualquier cómputo y, en particular, producir otra máquina idéntica.

Años más tarde Chris Langton relajó las exigencias originales de Neumann y construyó otro autómata que era capaz de replicarse a sí mismo, pero no era una máquina de Turing. Es decir, mientras el autómata de Neumann podía producir cualquier tipo de «hijo», el autómata de Langton solo produce hijos que son idénticos al padre, tanto en su aspecto físico como en su comportamiento.

El **bucle de Langton** solo usa ocho estados y necesitaba apenas un espacio de 62 celdas para su reproducción. Su proceso reproductivo se describe abajo:

t=1

t=2

t=6

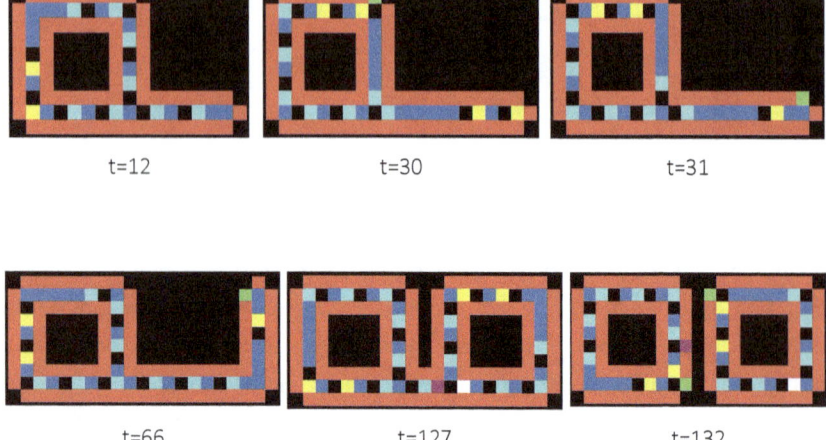

| t=12 | t=30 | t=31 |
| t=66 | t=127 | t=132 |

El bucle de Langton está separado del exterior negro (estado=0) por un borde de color rojo (estado=2). Dentro de estos bordes circula la información que le permite al autómata reproducirse. A la parte cuadrada del gráfico se le suele llamar cuerpo; la extensión que sobresale del cuerpo se denomina brazo.

Las células circulan dentro del cuerpo en sentido antihorario. Al llegar a la intersección entre el brazo y el cuerpo las células se duplican; una se va hacia el brazo y la otra continúa girando alrededor del cuerpo. En t=1, por ejemplo, la célula celeste (estado=7), ubicada en el punto donde nace el brazo, se duplica y las dos células resultantes siguen las rutas que se observan en t=2.

Las células azules (estado=1) avanzan «haciendo espacio» a las otras células, para que avancen también. Así es como eventualmente las células celestes llegan a golpear el extremo del brazo (t=6), lo cual provoca su extensión (t=12). Cuando eventualmente una célula amarilla (estado=4) golpea el extremo del brazo (t=30), aparece una célula verde (estado=3), que indica la dirección de giro del brazo (t=31). Las posteriores extensiones del brazo serán en esa nueva dirección, tal como se observa en t=31 y t=66.

En algún momento (t=127), el brazo extendido chocará contra sí mismo. Aquí aparecen dos nuevos tipos de célula, de color magenta (estado=5) y blanco (estado=6). Ambas marcan los puntos de subdivisión del organismo virtual.

En t=132 ya tenemos dos organismos idénticos. Cada un desarrollará un brazo y repetirá el ciclo. Si el proceso continúa, eventualmente obtendremos una colonia como la mostrada en el siguiente gráfico.

Por razones prácticas, no podemos reproducir el código de las 108 reglas de transición requeridas para implementar el bucle de Langton. Estas pueden obtenerse del libro *Cellular automata: a discrete universe*. Ilachinski, A. (2001).

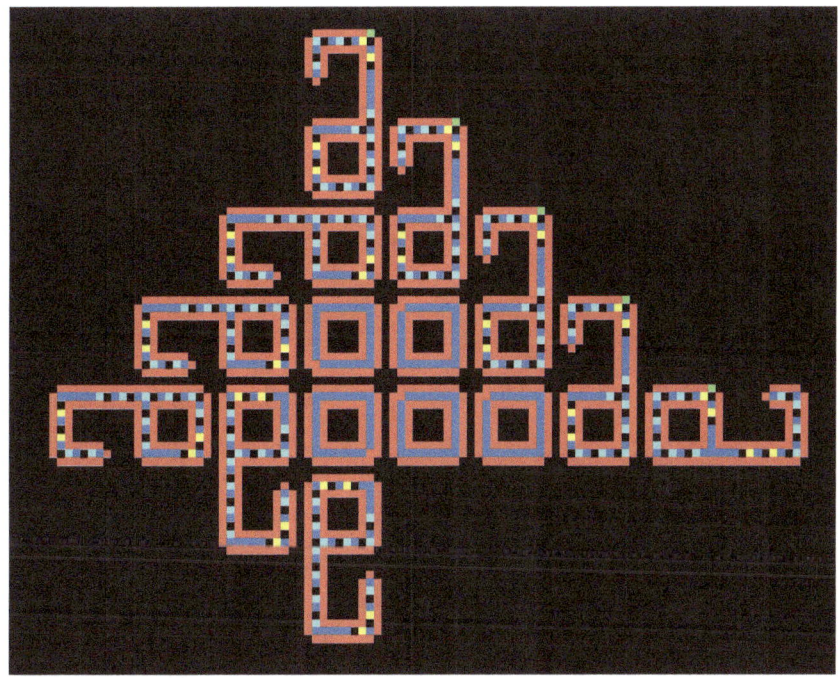

Bucle de Langton. Los organismos se reproducen a partir de un brazo giratorio.

Posteriormente se descubrieron otras criaturas virtuales más simples que también exhibían capacidad de reproducción. El clásico artículo de John Byl presenta un autómata autorreproductor de 12 células que podrían estar en 6 estados distintos y operan bajo 57 reglas de transición.

El **bucle de Byl** se replica en solo 26 iteraciones. Fue obtenido a partir de simplificaciones realizadas sobre el bucle de Langton y, por ende, existe una notoria similitud en el proceso reproductor de estos dos bucles, tal como se puede apreciar del siguiente gráfico:

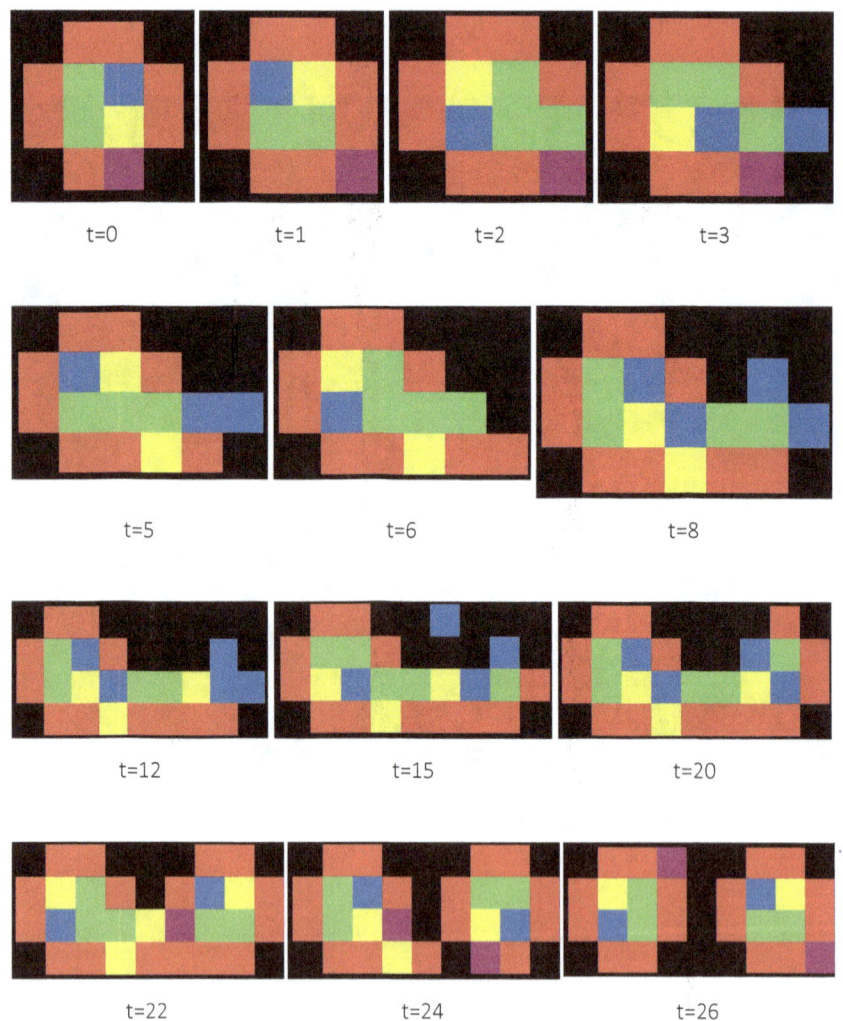

Reproducción del bucle de Byl. En 26 iteraciones se obtienen dos copias del original

FRACTALES

El cerebro, la red vascular, los ductos pancreáticos, las fronteras de los países, el curso de los ríos, las algas marinas, verduras como el brócoli o la coliflor, ciertos tipos de queso, la superficie lunar, las redes neuronales, la trayectoria de una partícula de polvo en el aire, etc. no se parecen en nada a las líneas rectas, círculos, conos y otras tantas figuras armoniosas de la geometría euclidiana, cuyas propiedades condensadas en fórmulas conocemos desde el colegio. Las figuras antes mencionadas caben mejor dentro de una nueva categoría de objetos denominados **fractales**. Los fractales fueron propuestos por el matemático polaco Benoit Mandelbrot, a mediados de los 70's, en su búsqueda de una geometría más abarcadora, que fuera capaz de representar las irregularidades de los objetos del mundo real y de subsanar la escasa correspondencia existente entre las caprichosas figuras que vemos a diario y las idealizadas abstracciones euclidianas.

Los fractales no tienen una, dos ni tres dimensiones, como las figuras que solíamos dibujar en nuestros cuadernos de geometría. Poseen dimensión fraccionaria. Justamente de allí viene su nombre. Tampoco gozan de la suavidad de las funciones continuas. Sus contornos puntiagudos no tienen tangente en ninguno de sus puntos. Otra característica es su autosemejanza: una figura fractal está compuesta por otras similares, de la misma forma pero más pequeñas; y estas, a su vez, están compuestas por otras más pequeñas aun. En el sistema respiratorio, por ejemplo, la tráquea se bifurca en dos bronquios, los que, a su vez, se convierten en otros dos más pequeños, y así recursivamente, formando la estructura ramificada a través de la cual respiramos. La autosemejanza de los fractales hace que sea relativamente fácil construirlos computacionalmente. Una función debe ser iterada muchas veces, cada vez sobre la salida anterior, generando así un mismo patrón a diferentes escalas.

El avistamiento de figuras fractales en diversas ramas de la ciencia, ingeniería, economía, música, etc. refuerza la hipótesis de que podría existir cierto grado de universalidad, ciertas leyes comunes detrás de fenómenos de naturaleza aparentemente dispar.

El árbol fractal

Un árbol puede ser visto como un conjunto de ramas, tales que cada rama se bifurca en otras dos más pequeñas, empezando desde el tronco, que vendría a ser la rama inicial. Siendo así, podemos dibujar un árbol fractal de la siguiente manera: Cada tortuga deberá dibujar una rama del árbol, la cual se subdividirá en otras dos ramas: una crecerá 45° a la izquierda; la otra, 45° a la derecha; y así sucesivamente. Esta regla se implementa de la siguiente forma:

```
ask turtles [fd N hatch 1 [rt 45] lt 45]
```

Cada tortuga avanzará N pasos, i.e. fd N. Asumiendo la propiedad pen-down ha sido previamente activada, esto dibujaría una rama del árbol. En ese momento aparecerá una nueva tortuga en escena (hatch 1) y junto a la anterior dibujarán las dos ramas en que ha de subdividirse la última que se acaba de dibujar. Inicialmente la nueva tortuga aparecerá mirando en la misma dirección que su padre, i.e. en dirección de la rama recientemente dibujada. Por eso se le debe obligar a girar la mirada en dirección de una nueva rama, 45° a la derecha, [rt 45]. La tortuga padre hará algo similar, no seguirá extendiendo la misma rama que acaba de dibujar, sino que girará a la izquierda, lt 45, y caminará en esa nueva dirección, pintando así una rama nueva.

El código completo es como sigue:

```
to setup
  clear-all
  reset-ticks
  ask patches [set pcolor white]
  create-turtles 1 [
              setxy 0 -0.9 * max-pycor
              set heading 0
```

```
            pen-down
        ]
end
to dibuja-rama
   tick
   let L 10 / ticks
   ask turtles [fd L hatch 1 [rt 45] lt 45]
end
```

El procedimiento `setup` debe ejecutarse una sola vez, para limpiar la vista sobre la que dibujaremos nuestro árbol-fractal. El procedimiento `dibuja-rama` debe ejecutarse varias veces, desde el terminal o desde un botón en la interfaz de usuario, p.ej. con `repeat 10 [dibuja-rama]`. Cuanto más se ejecute este procedimiento más frondoso se verá nuestro árbol.

En cuanto a los tecnicismos, en `setup` puede verse que todo empezará con una tortuga que se encuentra casi en el borde inferior de la Vista (`setxy 0 -0.9 * max-pycor`). Dado que esta empieza mirando hacia arriba (`heading 0`), el tronco se dibujará en dicha dirección.

Con respecto a `dibuja-rama`, para dar realismo al dibujo, el valor de L, que representa la longitud de las ramas a dibujar, debe reducirse continuamente para que las ramas nuevas sean siempre más pequeñas que el tronco del que nacen. Por eso hemos asignado L con el valor de `10 / ticks`. La variable global `ticks` almacena el periodo vigente de simulación. Su valor se hace cero cuando se invoca `reset-ticks` y aumenta en una unidad cada vez que se ejecuta `tick`. De esta manera, L se reduce en cada ejecución de `dibuja-rama`.

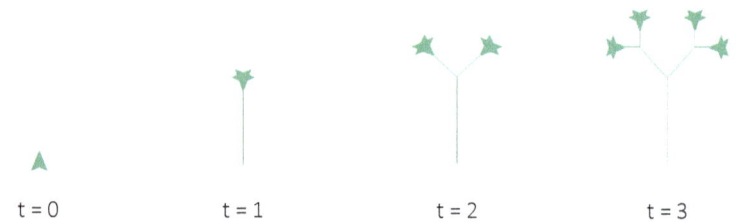

| t = 0 | t = 1 | t = 2 | t = 3 |

Tres primeras iteraciones de `dibuja-rama` luego de ejecutar `setup`

Con pequeñas modificaciones puede alcanzarse mayor realismo. Los gráficos mostrados abajo se crearon introduciendo un poco de aleatoriedad en el código anterior, para que el árbol no sea perfectamente simétrico, ni en forma ni en colorido.

Un melancólico paisaje fractal

En los árboles fractales que acabamos de construir se nota la autosemejanza. Cada fragmento del árbol se parece al todo. Cada rama parece ser el tronco de un pequeño árbol semejante al principal.

Crecimiento de algas

Otro fractal interesante y fácil de dibujar es uno que se asemeja a las algas marinas. Se puede obtener implementando un proceso de agregación por difusión limitada (*DLA*, por *diffusion-limited aggregation*), similar al propuesto originariamente por Witten y Sander.

Para implementar un *DLA* se necesitan dos tipos de partículas: libres y fijas. Las partículas libres vagan aleatoriamente por el espacio hasta que colisionan con una partícula fija. En ese momento la partícula libre se adhiere a la fija, extendiendo así una estructura ramificada que se asemeja a los árboles o a las algas marinas. Las estructuras construidas mediante un proceso *DLA* se denominan **árboles brownianos** debido al movimiento browniano de las partículas libres que eventualmente se solidifican para volverse parte del árbol.

El código requerido para implementar un *DLA* se muestra a continuación:

```
to setup       ; ejecutado desde un botón
  clear-all
  reset-ticks
  ask patch 0 0 [set pcolor green]
  ask patches [if random-float 1 <= 0.05
              [sprout 1 [set color white]]
              ]
end

to simular    ; ejecutado continuamente desde un botón
  ask turtles [dar-paso]
  if count turtles = 0 [stop]
  tick
end

to dar-paso
  if count neighbors4 with [pcolor = green] > 0
    [set pcolor green die]
  lt 90 * random 4
```

```
    fd 1
end
```

En el procedimiento `setup` las partículas fijas son implementadas como parcelas verdes; y las libres, como tortugas de color blanco. La simulación inicia con una única partícula fija ubicada en el centro de la vista, i.e. `patch 0 0`, y cinco partículas libres por cada cien parcelas.

El procedimiento `simular` se ejecuta continuamente desde un botón. Hace moverse a cada una de las miles de partículas libres que conforman el modelo. Su ejecución termina cuando todas las partículas libres ya se han adherido al árbol browniano, que va creciendo de a pocos, iteración tras iteración.

En cada ejecución de `dar-paso` las partículas libres giran aleatoriamente hacia alguno de los cuatro puntos cardinales (`lt 90 * random 4`) y avanzan un paso (`fd 1`). Una partícula libre se detiene cuando cae junto a una partícula fija, es decir, sobre una parcela colindante a una verde; en términos programáticos, cuando `count neighbors4 with [pcolor = green] > 0`. La adhesión de una partícula libre a otra fija se implementa en dos pasos: la partícula libre desaparece para siempre de la simulación (`die`), pero luego de pintar su última parcela ocupada de verde (`set color green`), indicando así que dicha partícula ya ha quedado petrificada en ese lugar.

El programa mostrado está restringido a giros aleatorios hacia cuatro posibles direcciones (N, S, E O) y también a un vecindario de cuatro parcelas, `neighbors4`, tal como en el modelo *DLA* original. El lector puede generalizar el giro de las partículas y usar un vecindario más amplio.

| Luego de 930,000 iteraciones del programa mostrado. Todas las partículas se han agregado al único punto fijo inicial | Cuando todo el borde inferior de la vista, pycor = min-pycor, se usa como punto fijo. Luego de 190,000 iteraciones |

Las figuras arriba abajo fueron ejecutadas en una vista cuyos parámetros por defecto fueron cambiados (botón de Configuración) a max-pxcor=400, max-pycor=300 y un pixel por parcela. Dado que las simulaciones toman bastante tiempo en este escenario de alta resolución, es posible intercalar no-display y display desde el terminal para gestionar la actualización de la Vista. Puede no ser necesario tener que observar el crecimiento del árbol browniano en cada iteración, sino de rato en rato.

Redibujar la vista consume mucho tiempo de simulación. Puede omitirse con no-display y reactivarse con display, en cualquier momento, desde el código fuente o desde el terminal.

SISTEMAS-L

En 1968, el biólogo húngaro Aristid Lindenmayer concibió una herramienta matemática para describir el crecimiento de diversos tipos de plantas, las cuales suelen expandirse a partir de múltiples puntos, simultáneamente. El realismo de las imágenes producidas hizo que dicha herramienta fuera rápidamente adoptada por profesionales de distintas disciplinas, entre los que encontramos matemáticos, biólogos y artistas, entre otros.

Los sistemas-L representan el **estado de las plantas** como cadenas de símbolos. Existe una regla de transición que al ser aplicada sobre una de estas cadenas genera otra nueva, que representaría el estado de la planta un periodo después, un poco más crecida. En este sentido, la evolución de una planta quedaría plasmada como la secuencia de estados obtenidos al aplicar sucesivamente la regla de transición al último estado hallado, partiendo desde un estado inicial denominado **axioma**.

La regla de transición se expresa como una **gramática** determinística y libre de contexto. Ésta puede entenderse como una tabla de equivalencias que indica cómo reemplazar cada símbolo de una cadena.

Para hablar en términos concretos, un sistema-L podría definirse con la siguiente gramática (compuesta de dos reglas):

$$X \to +YF-XFX-FY+$$

$$Y \to -XF+YFY+FX-$$

y el axioma X.

Siendo así, la hipotética planta que estaríamos representando crecerá en sus primeros tres periodos tal como se muestra abajo:

X,   +YF-XFX-FY+,   +-XF+YFY+FX- F-+YF-XFX-FY+F+YF-XFX-FY+-F-XF+YFY+FX-+

Para obtener la tercera cadena, por ejemplo, cada X de la segunda cadena fue reemplazada por +YF-XFX-FY+; y cada Y, por -XF+YFY+FX-, tal como indican las dos reglas mostradas arriba. En un sistema determinista solo hay una regla por símbolo, de modo que nunca hay ambigüedad en los reemplazos. También existen sistemas-L estocásticos, pero no hablaremos de estos aquí.

Los caracteres + y – no se reemplazan; son **símbolos terminales**, constantes.

Aunque resulte difícil vislumbrar una relación entre las plantas y las enormes cadenas de símbolos que se despliegan de la dinámica anterior –cuyo crecimiento se vuelve rápidamente inmanejable–, ambas se relacionan mediante la geometría de tortuga. Cada cadena de símbolos es una receta, una lista de instrucciones que al ser obedecidas al pie de la letra por una tortuga hacen que esta dibuje un fractal. La X podría significar, por ejemplo, «dibuja una línea»; el símbolo + suele significar: «gira a la izquierda»; otro símbolo podría significar: «no hagas nada», etc.

Cada modelador podría asignar un significado particular a los símbolos que utiliza en su gramática. Sin embargo, existen convenciones que parecen ir solidificándose con el uso, algunas de las cuales se muestran abajo:

Símbolos	Significado
F	Avanza
+	Gira a la izquierda cierto ángulo (que depende del modelo)
-	Gira a la derecha cierto ángulo (que depende del modelo)
|	Dar media vuelta sobre la posición actual
[	Anota la posición y orientación actual
]	Retorna a la última posición y orientación anotadas

Tabla de decodificación de símbolos

Los sistemas-L también son utilizados fuera del mundo de la botánica, para expresar de manera sencilla las numerosas instrucciones que se requieren para dibujar fractales de gran complejidad, como los que mostramos a continuación:

F → FF
X → F+[[X]-X]-F[-FX]+X

∡: 20°;   axioma: X

V → [+++W][---W]YV
W → +X[-W]Z
X → -W[+X]Z
Y → YZ
Z → [-FFF][+FFF]F

∡:20°;   axioma: VZFFF

F → F[+F]F[-F]F

∡: 25°
axioma = F

F → FF
X → F[+X]F[-X]+X

F → FF-[-F+F+F]+[+F-F-F]

∡: 22.5°;   axioma: F

F → FF
X → F[+X][-X]FX

169

∡: 20°; axioma: X   ∡: 25.7°; axioma: X

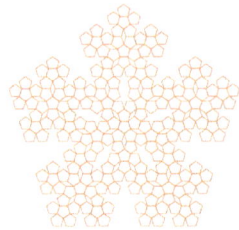
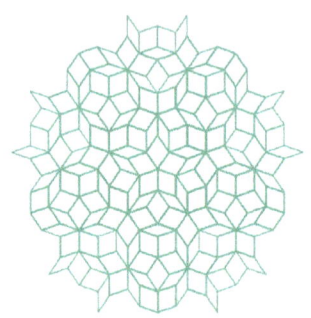

Pentaplexity	Curva de Hilbert	Teselación de Penrose
F → F++F++F|F-F++F	X → +YF-XFX-FY+	W → YF++ZF----XF[-YF----WF]++
	Y → -XF+YFY+FX-	X → +YF--ZF[---WF--XF]+
∡: 36°;		Y → -WF++XF[+++YF++ZF]-
axioma: F++F++F++F++F	∡: 90°; axioma: X	Z → --YF++++WF[+ZF++++XF]--XF
		F →
		∡:36;
		axioma: [X]++[X]++[X]++[X]++[X]

El programa con que hemos implementado estos sistemas-L se muestra en la siguiente página. La función dibujar hace que una tortuga interprete una cadena de símbolos según lo establecido en la Tabla anterior. Cuando se trabaja con sistemas-L una única tortuga es suficiente para dibujar un fractal.

Para especificar un sistema-L con el programa mostrado se necesita cambiar cuatro variables: (i) la lista reglas, (ii) la variable axioma, (iii) el ángulo ang, y (iv) el periodo. Podría necesitar también ajustar la resolución de la vista. Con esto ya se puede dibujar un nuevo fractal ejecutando el procedimiento setup.

reglas es la gramática del sistema-L. Se ha implementado como una lista de listas. Cada regla debe codificarse como una lista con dos elementos: un símbolo no terminal y la cadena de símbolos que ha de reemplazarle; en otras palabras, las partes izquierda y derecha de cada regla gramatical.

La variable `axioma` es un texto entre comillas que representa el estado inicial de la planta o, en general, del fractal a dibujar.

La variable `ang` es un número entre 0 y 360 que indica cuánto ha de girar la tortuga cada vez que se encuentra con un + o un -.

El `periodo` es un entero que indica el nivel de recursividad requerido para el gráfico, i.e. cuántas veces han de aplicarse las reglas gramaticales a partir del axioma. Dado que el tamaño de las cadenas generadas en un sistema-L crece escandalosamente, el `periodo` suele ser un número muy pequeño, recomendablemente de un dígito.

Los sistemas-L más difíciles de implementar son aquellos que requieren memoria. Se les reconoce fácilmente porque incluyen corchetes en sus reglas gramaticales. No es raro encontrar nombres especiales para estos sistemas, p.ej. *bracketed L-systems*. En nuestro programa, cada símbolo "`[`" hace que la tortuga almacene su posición-dirección en la lista `posiciones`. La posición-dirección de una tortuga se guarda como una terna de valores, (`xcor`, `ycor`, `heading`), al inicio de la citada lista, con `fput`. El almacenamiento de ciertas posiciones les permite a las tortugas regresar de un salto a un punto ya visitado (p.ej. para regresar al tallo luego de haberse desviado temporalmente a dibujar una rama). Por otro lado, cada símbolo "`]`" hace que la tortuga regrese a la última posición guardada, el primer elemento de `posiciones`, i.e. `item 0 posiciones`. Para evitar que el salto de retorno quede marcado en el gráfico la tortuga debe levantar el lápiz, i.e. `penup`, justo antes de cambiar su posición y debe volver a afianzarlo contra el piso, i.e. `pendown`, cuando ya ha vuelto al punto donde tenía que retornar.

```
turtles-own [formula]
globals [reglas posiciones ang periodo]

to setup
  clear-all

  set reglas [ ["X" "F+[[X]-X]-F[-FX]+X"] ["F" "FF"] ]
  let axioma "X"
```

```
  set ang 20
  set periodo 5

  set posiciones []
  crt 1 [set formula calcula-formula axioma  pendown]
  ask turtles [dibujar]
end


; cada símbolo de la cadena "formula" es leído e interpretado
; según la tabla de decodificación mostrada arriba
to dibujar
  let i 0
  repeat length formula
  [
    if item i formula = "F" [fd 1]
    if item i formula = "G" [fd 1]
    if item i formula = "+" [lt ang]
    if item i formula = "-" [rt ang]
    if item i formula = "|" [rt 180]
    if item i formula = "["
    [
      set posiciones fput (list xcor ycor heading) posiciones
    ]
    if item i formula = "]"
    [
      penup
      setxy (item 0 item 0 posiciones) (item 1 item 0 posiciones)
      set heading item 2 item 0 posiciones
      set posiciones remove-item 0 posiciones
      pendown
    ]
    set i i + 1
```

```
  ]
end

; se aplican las reglas gramaticales al axioma varias veces
to-report calcula-formula [axioma]
  let frm axioma
  repeat periodo [
    set frm aplicar-regla-tr frm
  ]
  report frm
end

;se aplican las reglas gramaticales a una cadena arbitraria
to-report aplicar-regla-tr [secuencia]
  let i 0
  let nueva-secuencia ""

  repeat length secuencia [
    let k 0
    let se-actualizo? false
    repeat length reglas [
       if item i secuencia = item 0 item k reglas [
         set nueva-secuencia
             (word nueva-secuencia item 1 item k reglas)
         set se-actualizo? true
       ]
       set k k + 1
    ]
    if not se-actualizo?
    [set nueva-secuencia
          (word nueva-secuencia item i secuencia)]
    set i i + 1
  ]
```

```
report nueva-secuencia
end
```

El hecho que organismos vivos, aparentemente complejos, puedan ser reproducidos digitalmente y con bastante realismo pareciera sugerir que la vida podría ser el resultado de algoritmos bioquímicos codificados en el código genético de los seres vivientes.

FRACTALES EN EL PLANO COMPLEJO

El conjunto de Madelbrot

Es posible modificar la resolución de la Vista de modo que cada parcela ocupe exactamente un pixel de la pantalla. Haciendo este cambio y aprovechando el hecho de que cada parcela puede ejecutar autónomamente sus propias funciones, resulta relativamente sencillo dibujar fractales en el plano complejo con NetLogo. ¡Basta con programar cada pixel de la pantalla!

Probaremos lo dicho dibujando la estructura matemática más hermosa que jamás se haya encontrado, el conjunto de Mandelbrot.

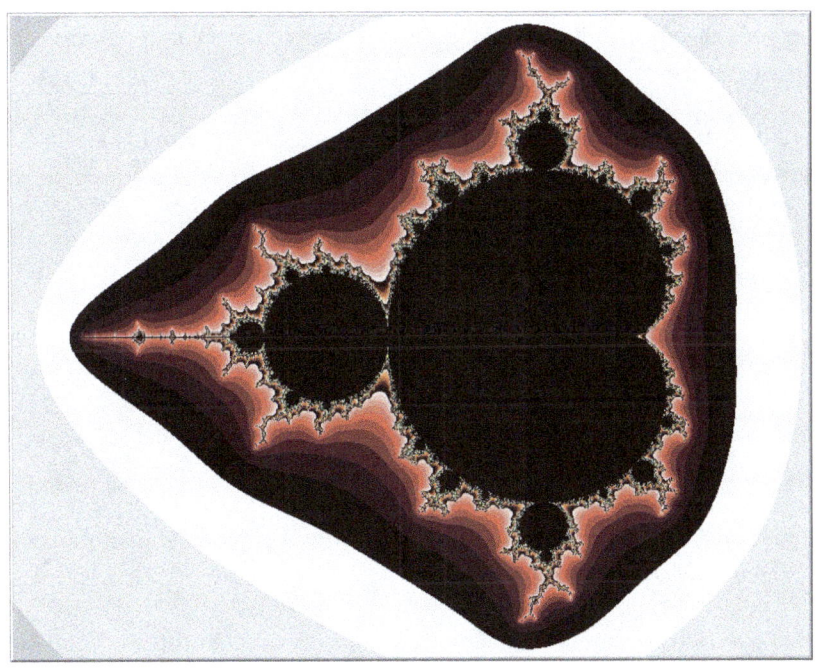

El conjunto de Mandelbrot está formado por todos los puntos negros de la figura

Para entender cómo se construye la figura anterior conviene pensar en cada uno de sus puntos (parcelas) como un número complejo, cuyas operaciones de suma y producto están bien definidas.

El color de un punto arbitrario c se obtiene actualizando cien veces una variable compleja z (cuyo valor inicial es cero) mediante la fórmula z=z^2+c. En este proceso iterativo podrían ocurrir dos cosas: (a) que el valor de z se desborde, que se haga mayor que 10^{80}, por decir un número muy grande. En este caso, el punto c adoptará un color que depende del número de iteraciones completadas antes del desbordamiento. Pero también podría ocurrir que (b) el valor de z nunca se desborde, que las cien iteraciones z=z^2+c concluyan sin sobresaltos, en cuyo caso c deberá pintarse de negro.

Cada punto c de la figura mostrada nos indica, mediante su color, cuan rápido «explota» la iteración de z=z^2+c. Todos los puntos c donde z se desborda luego de, digamos 15 iteraciones, están pintados con el color 15, es decir, de rojo, según la escala de colores de NetLogo.

Para dibujar el conjunto de Mandelbrot debemos solicitar a cada parcela que itere la expresión z=z^2+c para determinar así el color que le corresponde. La parcela ubicada en pxcor, pycor será c = pxcor + pycor i.

La figura mostrada en la página anterior puede generarse con:

```
ask patches [iterar-en pxcor pycor]
```

aunque por motivos estéticos es conveniente escalar las componentes pxcor y pycor, p.ej. multiplicándolas por 0.004.

La función iterar-en, que itera la expresión z^2+c, recibe el punto c como parámetro, tal como se muestra abajo.

Dado que NetLogo no maneja números complejos directamente, se tiene que almacenar por separado las componentes real e imaginaria de z (z1, z2) y c (c1, c2). La variable k indica el momento en que se desborda el valor de z, cuando su magnitud se vuelve demasiado grande, i.e. z1*z1 + z2*z2 > 1.0E80.

Todas las parcelas cuyos cálculos se desborden en la k–ésima iteración se pintarán del color k; o de negro, si nunca acontence un desbordamiento.

Las 100 iteraciones y el valor de desbordamiento 10^{80} que hemos utilizado son arbitrarios. Deberán calibrarse dependiendo de la resolución requerida y el tiempo disponible. Para obtener gráficos de buena calidad es indispensable reducir el tamaño de cada parcela a 1 pixel y ajustar el tamaño de la Vista.

Las funciones sum-comp y prod-comp implementan la suma y producto de dos números complejos a y b. Cada número complejo se trabaja como una lista de dos elementos: su parte real y su parte imaginaria.

```
to iterar-en [c1 c2]
  let k 0
  let z1 0
  let z2 0
  let tmp []

  repeat 100 [
    set tmp prod-comp z1 z2 z1 z2
    set tmp suma-comp c1 c2 (item 0 tmp) (item 1 tmp)
    set z1 item 0 tmp
    set z2 item 1 tmp
    if z1 * z1 + z2 * z2 > 1.0E80 [
      set pcolor k
      stop
    ]
    set k k + 1
  ]
  set pcolor black
end

to-report prod-comp [a1 b1 a2 b2]
  let a a1 * a2 - b1 * b2
  let b a1 * b2 + a2 * b1
  report (list a b)
end
```

```
to-report suma-comp [a1 b1 a2 b2]
  let a a1 + a2
  let b b1 + b2
  report (list a b)
end
```

Aunque el conjunto de Mandelbrot solo está conformado por los puntos negros de su interior, es difícil no impresionarse con sus coloridos contornos. Este conjunto no es el único fractal en el plano complejo que podemos dibujar con NetLogo.

Los conjuntos de Julia

El matemático francés Gastón Julia descubrió accidentalmente una serie de fractales al estudiar cómo se comportan los números complejos z al ser iterados bajo cierto tipo de funciones f denominadas holomorfas. Un conjunto de Julia se genera iterando z=f(z) a partir de diversos valores iniciales de z, no necesariamente 0, como ocurría con el conjunto de Mandelbrot. Específicamente, para cada punto del plano se debe iterar f a partir de dicho punto. El color, al igual que antes, se usa para representar la velocidad con que «explota» la secuencia de puntos z=f(z). Con ligeras modificaciones del programa anterior podemos obtener los siguientes conjuntos de Julia:

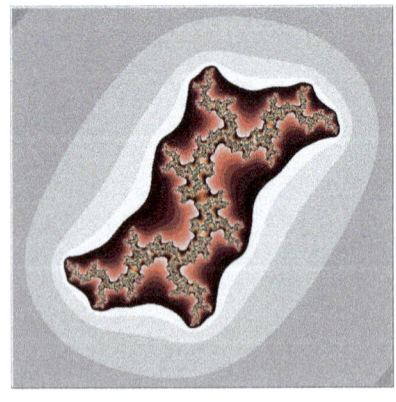

$f(z) = z^2 - 0.8i$

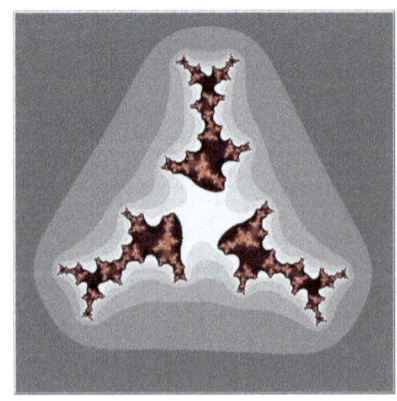

$f(z) = z^3 + 0.1 + 1.2i$

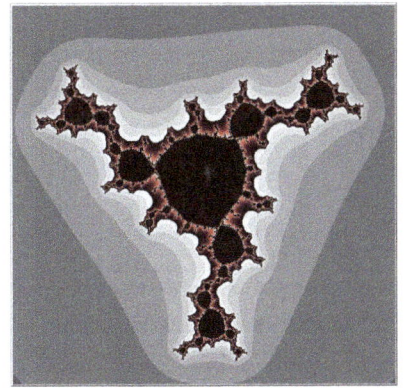

$f(z) = z^3 + 0.2 - 1.1i$

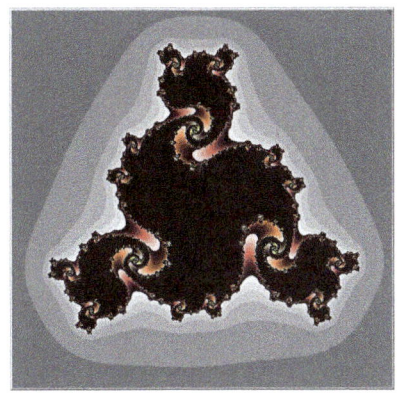

$f(z) = z^3 - 0.1 + 0.8i$

$f(z) = z \times \exp(z) + 0.042$

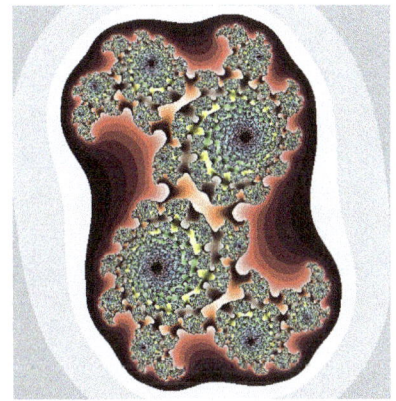

$f(z) = z^2 + 0.38 + 0.169\,i$

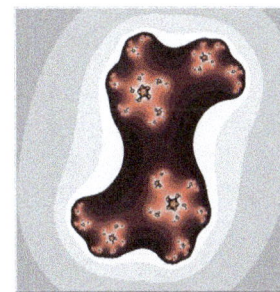

$f(z) = z^2 + 0.50 - 0.4\,i$

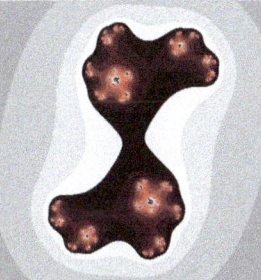

$f(z) = z^2 + 0.58 - 0.4\,i$

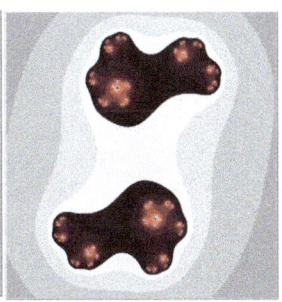

$f(z) = z^2 + 0.64 - 0.4\,i$

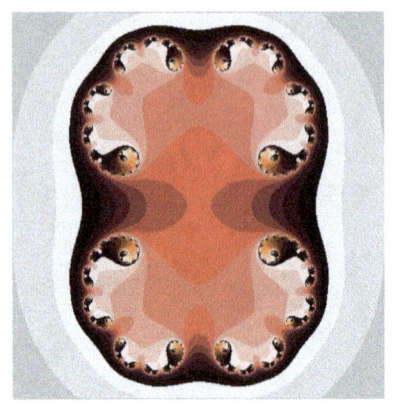
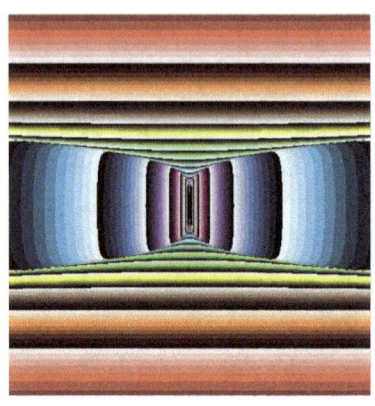

f(z) = z² + 0.345   f(z) = sen(z) + 1.06 Re(z) + 0.015 Im(z) i

SINCRONIZACIÓN

Los latidos del corazón son consecuencia de la simultaneidad de descargas eléctricas producidas por miles de células marcapasos que se mantienen sincronizadas a lo largo de nuestras vidas. Ciertas especies de luciérnagas que se reúnen por miles en los bosques tailandeses empiezan a brillar tímida y descoordinadamente al empezar la noche y, luego de varios minutos, se unen todas en un destello colectivo que puede ser visto a kilómetros de distancia. En los campamentos de verano es bastante común escuchar el cantar de los grillos. Empiezan frotando sus alas externas y chillando en desorden; pero luego de cierto tiempo la cacofonía se convierte en un concierto de orden y ritmo. Fuera del reino de lo viviente, los rayos láser son el producto de trillones de átomos que han llegado a vibrar armónicamente y emitir fotones con igual fase y frecuencia. Mucho más impresionante aun es el acoplamiento de dos péndulos que comparten una base móvil. Por más que sus fases difieran inicialmente, los péndulos terminan balanceándose al unísono, juntándose y separándose rítmicamente, como si intentaran aplaudir. Estos y otros ejemplos similares parecieran revelar un anhelo secreto de armonía presente en muchos fenómenos del Universo.

Kuramoto y los corredores de la pista circular

Para hablar de sincronización en términos simples utilizaremos la metáfora de los corredores, propuesta por Steven Strogatz en su libro *SYNC*. Según esta metáfora existe un grupo de corredores condenados a dar vueltas eternamente a una pista circular. Cada uno tiene una velocidad constante distinta, pero todos corren en el mismo sentido y han partido desde diferentes puntos. Hasta aquí, el sentido común indica que en cualquier momento que echáramos un vistazo a la carrera veríamos a los corredores esparcidos por distintos sectores de la pista, cruzándose todo el tiempo unos a otros. Nadie esperaría que, con las condiciones mencionadas, los corredores de pronto se congregarán en un pelotón para mantenerse así por el resto de la carrera. Esto significaría que los corredores se habrían sincronizado. Pero jamás ocurrirá así mientras sus velocidades sean distintas y se mantengan fijas. Se necesita cierta interacción entre los corredores, como por ejemplo, que uno le pida al que está detrás suyo, o a los cinco que están detrás suyo, o a todos los que están a menos de 10 metros de él, que aceleren un poco, al menos durante cierto periodo, etc.

El problema de sincronización aquí planteado consiste entonces en determinar bajo qué tipo de interacción los corredores terminarán juntos, como un pelotón, para el resto de la carrera. Queremos saber qué tendría que decirle un corredor a otros tantos y en qué momento, para que se sincronicen. O, antes aún, queremos saber si al menos es posible la sincronización y bajo qué condiciones.

Evitaremos dar un listado histórico de todas las ideas que conllevaron a la solución que implementaremos, propuesta por el físico japonés Y. Kuramoto.

Siguiendo con nuestra metáfora, Kuramoto propone que cada corredor debe «sentir la presión» del resto del grupo. Los que están delante deben incentivar a los que vienen detrás a correr un poquito más rápido; y los que están detrás deben motivar a los de adelante a aguantarse y refrenar un poco el paso.

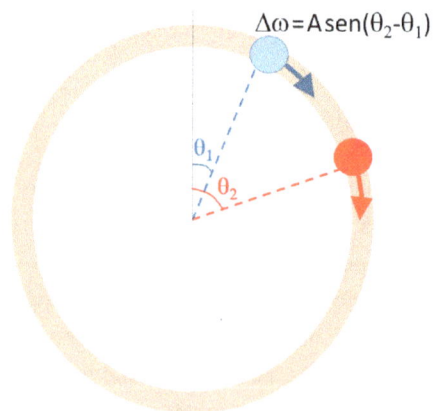

Cada corredor ajusta su velocidad dependiendo de su posición relativa respecto a los otros

Para implementar esta idea se necesita conocer (i) la fase θ de cada corredor, un ángulo entre 0° y 360° que indica su posición en la pista, y (ii) la velocidad angular ω del mismo, la cual se verá afectada por la presencia de otros corredores. Concretamente, en una pista con dos corredores, el primero debe ajustar su velocidad a causa del segundo según la fórmula $\Delta\omega$ = A * sen(θ_2 - θ_1).

La fórmula anterior cuantifica lo que ya hemos dicho. Si el segundo corredor llevase la delantera ($\theta_2 > \theta_1$), el primero aumentará su velocidad (pues el seno sería positivo). En caso contrario ($\theta_2 < \theta_1$), el primer corredor bajará el ritmo, disminuirá un poco su velocidad para facilitarle al otro que se le acerque. El parámetro A se llama **factor de acoplamiento**. Cuanto mayor sea su valor mayor será el esfuerzo de los corredores por juntarse con los otros.

En el caso general de N corredores el primero deberá calcular el ajuste que experimentaría a causa de los otros y obtener el promedio de todos estos valores. Dicho promedio será el cambio de velocidad que finalmente deberá aplicar. Esta misma lógica debe repetirse para todos los corredores y en cada instante de la carrera.

Sin más prolegómenos, el escenario puede configurarse con el siguiente código:

```
turtles-own [vel-ang fase]

to setup
  clear-all
  create-turtles num-corredores
    [set shape "circle"
     set fase random-float 360
     set vel-ang random-normal velocidad-media
                               velocidad-std-dev
      moverme-a fase
    ]
  dibuja-pista
  reset-ticks
end
```

Para cada tortuga-corredor registraremos su velocidad angular (`vel-ang`) y su posición dentro de la pista (`fase`). La velocidad no es la misma para todos, varía según una distribución normal con media `velocidad-media` y desviación estándar `velocidad-std-dev`. Ambos parámetros, al igual que la cantidad de corredores (`num-corredores`), son obtenidos de sendos deslizadores en la interfaz de usuario. La fase inicial de los corredores se selecciona aleatoriamente dentro del rango [0, 360], con `random-float 360`.

El núcleo del programa se encuentra codificado en los siguientes procedimientos:

```
to ejecutar-simulacion
    ask turtles [dar-paso]
end

to dar-paso
    let ajuste mean [A * sin(fase - [fase] of myself)]
                    of other turtles
    set fase fase + vel-ang + ajuste
    moverme-a fase
end
```

El procedimiento `ejecutar-simulacion` es invocado continuamente desde un botón en la interfaz de usuario. Desde allí se solicita a cada agente que actualice su posición, con `ask turtles [dar-paso]`.

Si los corredores no interactuasen, el avance de cada corredor en una iteración sería igual a su velocidad angular, i.e. `set fase fase + vel-ang`. (La velocidad representa el ángulo barrido en cada iteración). Pero, a causa de la influencia existente entre los corredores, cada uno debe corregir su velocidad, fijándose para ello en los demás; es decir, en `other turtles`. La diferencia de fase entre un corredor cualquiera y otro de `other turtles` se obtiene con `fase-[fase] of myself`. Luego, según la fórmula de Kuramoto, la velocidad de cada corredor debe ser ajustada: Se le debe añadir el promedio de los ajustes individuales causados por el resto de corredores. En código, esto se representa con `mean [A*sin(fase-[fase] of myself)] of other turtles`.

El resto de funciones son accesorias y haremos pocos comentarios de estas:

```
to moverme-a [theta]
  set xcor item 0 to-xy theta
  set ycor item 1 to-xy theta
end

to-report to-xy [theta]
  report (list (R * sin theta) (R * cos theta))
end

to dibuja-pista
  ask patches [set pcolor white]
  let t 0
  repeat 1440 [
    ask patch (round item 0 to-xy t)(round item 1 to-xy t)
            [set pcolor orange]
    set t t + 0.25
  ]
end
```

El procedimiento `moverme-a` dibuja una tortuga en la posición `theta`. Para ello asume que la pista está centrada en el origen y tiene un radio R, leído desde un deslizador. `to-xy` transforma un punto (R,θ) a coordenadas cartesianas; y `dibuja-pista` hace justamente lo que su nombre sugiere.

Nuestras simulaciones muestran, tal como dedujo Kuramoto, que cuando todos los corredores poseen la misma velocidad siempre acaban sincronizados, sin importar cuan diferentes sean sus puntos de partida. Pero este es un caso especial. En general, cuando las velocidades no son iguales pero sí muy parecidas (`velocidad-std-dev` ≈ 0), existe una sincronización parcial: ciertos grupos avanzan apretujados, pero sin juntarse con los muy rápidos ni con los muy lentos. Finalmente, cuando las velocidades son muy diversas no habrá sincronización, incluso si todos salen del mismo punto de partida. Existe un punto crítico de diversidad, cierto valor para `velocidad-std-dev`, a partir del cual desaparece la posibilidad de sincronización parcial.

En su libro, Strogatz compara la sincronización de los corredores con la cristalización del agua, un conocido fenómeno en el que súbitamente trillones de moléculas dejan de moverse y se alinean rígidamente formando la estructura sólida que llamamos hielo. Esta es una sincronización en el espacio, a diferencia de los corredores, que se sincronizan en el tiempo –nos dice–. El valor crítico de `velocidad-std-dev` a partir del cual los atletas se sincronizan sería algo así como el punto de fusión del agua, a partir del cual el líquido se cristaliza. El lector puede tantear empíricamente dicho punto con el programa mostrado.

Para que la simulación sea agradable a la vista es posible que se requiera calibrar manualmente el tamaño de las tortugas dependiendo de la resolución que deseemos utilizar. Abajo se muestra una Vista de 280 x 280, con parcelas de tamaño de 1 pixel. El tamaño de las tortugas fue modificado directamente desde el terminal de instrucciones (`set size 15`). Con los parámetros mostrados en el gráfico los corredores no se sincronizan; pero al reducir la desviación estándar (p.ej. a 0.1) se observa el aglutinamiento del grupo luego de cierto número de iteraciones.

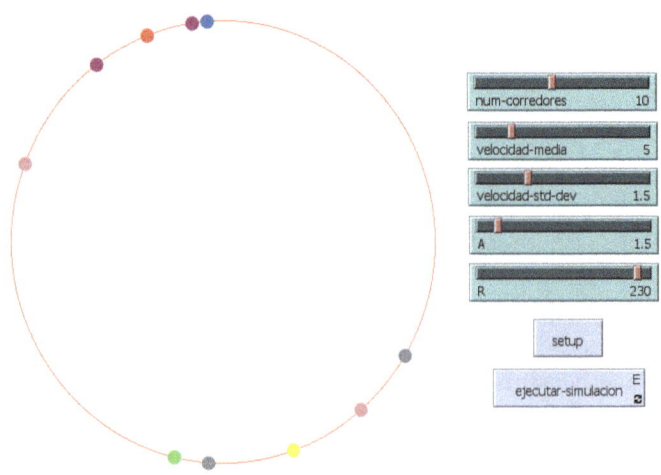

Un escenario con diez corredores cuyas velocidades varían según una distribución normal con media=5 y std.dev=1.5, factor de acoplamiento = 1.5 y R =230.

El latido de las luciérnagas

En los húmedos manglares del sudeste asiático es común apreciar el fenómeno de sincronización espontánea. Pasado el ocaso, miles de luciérnagas que descansan sobre árboles de pino y oyamel empiezan centelleando descoordinamente, y luego, gradualmente, sin que se sepa bien cómo, se congregan poco a poco en un armonioso concierto de luz. Al final todas terminan brillando y apagándose al unísono, como si una fuerza superior las guiara. Este espectáculo no solo es un deleite para los ojos, sino también para el alma.

Así como el garabato inicial que describe una tur-mita se convierte inesperadamente en un patrón fijo, el disturbio inicial de las luciérnagas se convierte de pronto en un concierto armonioso. En ambos casos, del aparente caos emerge un orden inesperado. La diferencia es que el orden que surge de las tur-mitas pertenece a la dimensión espacial; el de las luciérnagas, a la temporal.

Para emular la sincronización de las luciérnagas en NetLogo adaptaré las ideas que usó Charlie Peskin para modelar el latido del corazón a partir de la coordinación de miles de células marcapasos. Asumiré que cada luciérnaga tiene una mini-batería que se carga lentamente y se descarga abruptamente según el siguiente gráfico:

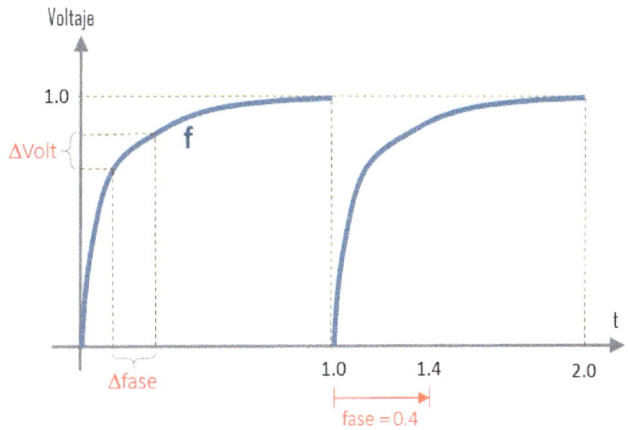

Voltaje y fase de una luciérnaga virtual en el tiempo

187

Individualmente cada luciérnaga lanzará un destello cada vez que su minibatería alcance su capacidad máxima de 1 voltio. Luego el ciclo volverá a repetirse. Al igual que en otros fenómenos de la Ciencia de la Complejidad, el comportamiento de los agentes es bastante simple.

Lo que hace que posible la sincronización de los destellos es la interacción de los insectos. Además del incremento regular de voltaje de cada luciérnaga, el destello de una estimulará en el resto del enjambre un incremento adicional.

El procedimiento `espera-y-recarga` mostrado abajo especifica el comportamiento de cada luciérnaga.

```
turtles-own [voltaje fase]

to espera-y-recarga
  set color orange          ; color normal del bicho
  ifelse voltaje < 1 [
    set fase fase + delta t
    set voltaje f(fase)
  ][
    set color yellow        ; color durante el destello
    set fase 0
    set voltaje 0
    ask other turtles with [voltaje > 0 and voltaje < 1]
    [ set voltaje voltaje + cambio voltaje
      set fase fase + cambio voltaje / df (fase)
    ]
  ]
end
```

Las variables `voltaje` y `fase` oscilan entre 0 y 1. El `voltaje` representa cuánta carga tiene cada luciérnaga en un momento dado; y `fase` indica cuánto tiempo ha transcurrido desde el último destello. Ambas variables están relacionadas por una función `f` que, en nuestro caso, es la raíz cuarta. También se puede usar otras funciones siempre que posean la misma forma: muy empinadas al inicio y de suave caída al final.

188

En cada iteración se hace avanzar el tiempo un pequeño intevalo de `delta_t` segundos. Este valor es asignado desde la interfaz de usuario. Así pues, en cada iteración la fase de una luciérnaga aumenta en `delta_t` y su voltaje se actualiza de modo que ambos, fase y voltaje, siempre pertenezcan a la curva que caracteriza a la función `f`, i.e. `set voltaje f(fase)`. Esto es lo que ocurre la mayor parte del tiempo, cuando la mini-batería de la luciérnaga aún no se encuentra completamente cargada, i.e. en el bloque `if voltaje < 1`.

Pero cuando su voltaje alcanza el máximo valor, la luciérnaga se ilumina (`set color yellow`) y su fase y voltaje retornan a cero para que el ciclo vuelva a comenzar. El destello de una luciérnaga afecta a las que están apagadas, i.e. `with [voltaje > 0 and voltaje < 1]`. Les obliga a «apurar el paso», a recargarse más rápido. Por eso se les añade `cambio_voltaje` voltios a sus voltajes actuales. Este valor es asignado desde la interfaz de usuario.

Después de incrementar el voltaje de las luciérnagas apagadas se debe actualizar también sus fases. Usando `cambio_voltaje/df(fase)` se logra que la fase y el voltaje no se salgan de la curva `f`. La función `df` es la derivada de `f`.

Si no quiere perder tiempo calibrando cada parámetro del modelo puede usar `cambio_voltaje=0.001`, `delta_t=0.01` y 150 luciérnagas, disminuir la velocidad del simulador para que pueda apreciar la sincronización de los luminópteros, presionar `setup` y `simular`.

El código que falta se muestra a continuación:

```
to setup   ; ejecutar desde un botón
  clear-all
  create-turtles num-luciernagas [ ; leído desde interfaz
              set shape "butterfly"
              set color orange
              setxy random-xcor random-ycor
              set fase random-float 1
              set voltaje f (fase)
              ]
end
```

```
to iniciar   ; ejecutar continuamente desde un botón
  ask turtles [espera-y-recarga]
end

to-report f [x]
  report x ^ 0.25
end

to-report df [x]
  report 0.25 * x ^ -0.75
end
```

REDES NEURONALES ARTIFICIALES

Las hormigas no son los únicos agentes que a pesar de sus limitadas capacidades individuales han logrado desarrollar impresionantes habilidades de grupo. La red neuronal humana constituye otro ejemplo notable. Está compuesta de pequeñas células llamadas neuronas, cuyo repertorio de acciones es bastante restringido. Sin embargo, existen alrededor de 50,000 millones de neuronas en el cerebro humano y cada una está conectada con muchas otras, se calcula que con alrededor de entre 1,000 y 10,000. En esta densa red las neuronas se comunican entre ellas a través de impulsos eléctricos que influyen en el posterior comportamiento de las mismas. En medio de esos incesantes disparos eléctricos que atraviesan de lado a lado la enmarañada red neuronal emerge nuestra capacidad de abstracción, de razonamiento, memoria, etc.

Inspirados en la red neuronal humana varios hombres de ciencia creyeron que era posible replicar nuestras capacidades cognitivas sobre una base de silicio. El célebre modelo matemático propuesto por McCulloch y Pitts (1948) fue posteriormente implementado por Frank Rosenblatt (1957) dando origen al **perceptrón**, la primera red neuronal artificial con capacidad de aprendizaje.

Un perceptrón consta de un número arbitrario de neuronas de entrada conectadas a una única neurona de salida. Las neuronas de entrada tienen asociados valores numéricos que cuantifican ciertos aspectos del mundo real que la neurona de salida reúne y procesa con el objetivo de hacer una predicción.

El perceptrón es un clasificador binario: sus predicciones solo pueden tener dos valores. Por ejemplo, puede predecir si lloverá o no a partir de la temperatura, presión atmosférica, humedad relativa y otros datos climáticos que son codificados y transmitidos desde las neuronas de entrada a la neurona de salida, la cual, mediante un cero o un uno, indicará la presencia o ausencia de lluvias.

Las conexiones interneuronales del perceptrón poseen valores numéricos. Estos **pesos sinápticos** indican cuánto se altera el dato transmitido de una neurona a otra. Por ejemplo, si el dato x_i enviado por la i-ésima neurona atraviesa un enlace cuyo peso sináptico es w_i, el valor que recibirá la neurona de salida será

$x_i * w_i$. Al acumular los datos de todas las neuronas de entrada la neurona de salida recibe en total la sumatoria de los productos $x_i * w_i$. Dicha suma suele ser comparada con una constante, un valor umbral, de modo que la predicción binaria del perceptrón (si/no) dependerá de si la suma $\Sigma\ x_i * w_i$ supera o no dicho umbral.

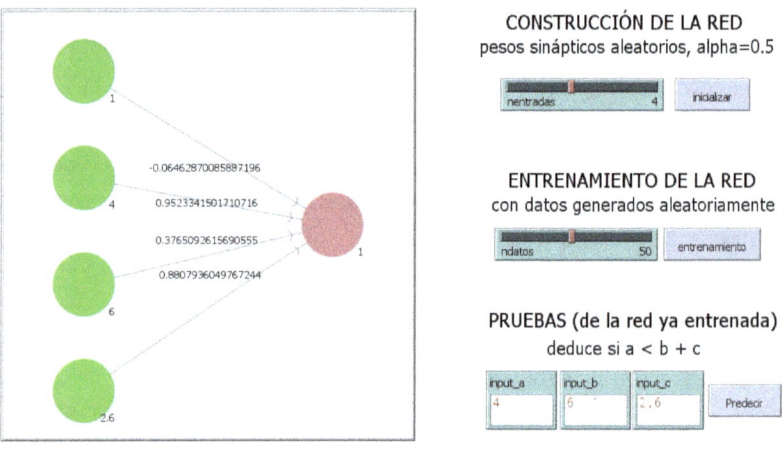

Perceptrón compuesto por cuatro neuronas de entrada y una de salida. La primera neurona de entrada siempre es asignada con 1; las otras tres, con cualesquiera valores a, b y c. La neurona de salida arroja 1 si a < b + c (como en la imagen); ó 0, en caso contrario.

Topología de la red y sus parámetros

El perceptrón mostrado en el gráfico anterior fue implementado utilizando las siguientes declaraciones:

```
breed [neuronas neurona]
neuronas-own [capa vsalida]
links-own [peso]
globals [alpha datos salidas]
```

Cada neurona tiene una variable capa, que indica si la neurona es de entrada (capa = 0) o salida (capa = 1). También existe una variable vsalida que, en el caso de las neuronas de entrada, indica el valor se transmite a la neurona de salida; y, para la neurona de salida, es un 0 o 1 que representa el valor de la predicción. Por otro lado, los enlaces tienen una variable peso que representa el peso sináptico que caracteriza la comunicación interneuronal. Inicialmente los pesos sinápticos son asignados con valores aleatorios entre -1 y 1, tal como se muestra en el procedimiento inicializar, ejecutado desde un botón con el mismo nombre en la interfaz de usuario:

```
to inicializar
    ca
    set alpha 0.5
    create-neuronas nentradas [set xcor -10 set capa 0]
    create-neuronas 1 [set xcor 10 set capa 1]
    ask neuronas with [capa = 0]
        [create-link-to neurona nentradas]
    ask neurona 0 [set vsalida 1]
    ask links [set peso -1 + random-float 2]
    ask neuronas [set label vsalida]
end
```

Para simplificar el código se han omitido varios comandos relativos al aspecto y ubicación de las neuronas. El lector debe añadir varios comandos como set label peso, set label vsalida, set color pink. etc. para que el procedimiento inicializar reproduzca exactamente el gráfico mostrado anteriormente.

Note que, a causa del orden en que han sido creadas, el identificador de la neurona de salida será nentradas, un dato que es leído desde la interfaz de usuario.

Predicciones de una red neuronal

La salida de la red se calcula a partir de los datos de entrada del siguiente modo:

```
to procesa-entradas
  ask neuronas with [capa = 1] [
    set vsalida
      signo sum [peso * [vsalida] of end1] of my-in-links
  ]
end
```

La neurona de salida (capa = 1) suma los peso's de todos los enlaces que llegan a ella (my-in-links) multiplicados por la información que viaja a través de esos enlaces. Este último dato puede obtenerse de las neuronas de entrada, cuyos identificadores se almacenan en la variable end1 de cada enlace. La función signo «binariza» el dato de la neurona de salida.

Para que el perceptrón pueda hacer predicciones basta con asignar las variables vsalida de las neuronas de entrada y ejecutar procesa-entradas. Eso es exactamente lo que hace el procedimiento predecir, asociado a un botón del mismo nombre en la interfaz de usuario.

```
to predecir
  ask neurona 1 [set vsalida input_a]
  ask neurona 2 [set vsalida input_b]
  ask neurona 3 [set vsalida input_c]
  procesa-entradas
  ask neuronas [set label vsalida]
end
```

Toda predicción se refleja como un 0 o un 1 en la variable vsalida de la neurona de salida.

En el gráfico anterior, la neurona de salida predice un 1 para las entradas a=4, b=6, c=2.6 indicando que se cumple: a < b + c.

Fase de entrenamiento

Solo se pueden obtener buenas predicciones cuando los valores de los pesos sinápticos son adecuados para el modelo en estudio. Pero esto nunca ocurre por obra del azar. Los pesos sinápticos iniciales son aleatorios y casi nunca producen buenas predicciones. Es necesario que dichos pesos sean modificados gradualmente en una etapa conocida como fase de entrenamiento.

Para entrenar una red neuronal debemos tener a disposición una serie de datos de entrada conocidos y las predicciones correctas derivadas de los mismos. Cada registro de esta **data de entrenamiento** será suministrada a la capa de entrada del perceptrón y servirá para para ajustar los pesos sinápticos cada vez que la predicción calculada por `procesa-entradas` no coincida con la predicción correcta que corresponde a dicho registro.

En nuestro caso, hemos generado datos de entrenamiento aleatoriamente. La cantidad de datos producidos será `ndatos`, un valor ingresado por el usuario en un deslizador del mismo nombre. Los datos de entrenamiento son almacenados en las variables globales `datos` y `salidas`, respectivamente, las cuales lucen más o menos así:

Datos de entrenamiento			
datos			salidas
a	b	c	
8.5	3.1	2.1	0
5.0	8.0	2.0	1
4.1	4.1	4.1	1
7.0	3.0	4.0	0
...	...	...	...

Cuatro posibles registros de entrenamiento producidos en `genera-datos`

Mientras los `datos` de entrada que hemos generado son valores aleatorios entre 0 y 10, sus `salidas` correspondientes son calculadas de manera determinística. La `salida` de un dato será 1 cuando a < b + c; y 0 en caso contrario. Eso es justamente lo que esperamos de nuestro perceptrón. Deseamos entrenarlo para que ante una terna de valores a, b y c sepa detectar si esta satisface la relación lineal a < b + c o no.

El procedimiento `genera-datos` se muestra abajo:

```
to genera-datos [n]
  set datos []
  let k 0
  repeat n [
    let a random-float 10
    let b random-float 10
    let c random-float 10
    set datos fput (list a b c) datos
    set k k + 1
  ]
  set salidas map [x ->
    ifelse-value item 0 x < item 1 x + item 2 x [1][0]
  ] datos
end
```

Normalmente uno no puede generar los datos de entrenamiento. Si hubiesemos querido construir una red que prediga la presencia de lluvias a partir de ciertos datos atmosféricos, por ejemplo, habríamos tenido que ir un centro metereologico a solicitar información donde se muestre la relación entre las lluvias y las variables que pretendemos incluir en nuestro modelo. Pero debido a que nuestro ejemplo es abstracto y artificioso, no hay problemas en generar la data nosotros mismos.

Un detalle muy importante que debe notar es que la data de entrenamiento incluye tres entradas (a, b, c) mientras que el perceptrón tiene cuatro neuronas de entrada. La diferencia se debe a que la primera neurona de entrada no transmite datos, siempre tiene vsalida=1. Este artificio nos evita tener que definir una variable global para el valor umbral. Al utilizar una neurona de entrada con vsalida=1 el peso sináptico de dicha neurona vendría a ser el valor umbral de la red neuronal.

El entrenamiento del perceptrón se implementa de la siguiente manera:

```
to entrenamiento
  let i 0
  genera-datos ndatos
```

```
repeat length datos [
  asigna-entrada i
  procesa-entradas
  actualiza-pesos (item i salidas)
  set i i + 1
]
user-message "La red ya está entrenada"
end
```

Tal como se observa en el código de arriba, los datos de entrenamiento son procesados uno por uno dentro de un bucle `repeat`. En la `i`-ésima iteración se asignan los valores `a`, `b` y `c` del `i`-ésimo registro de entrenamiento a tres neuronas de entrada. Esto se logra ejecutando `asigna-entrada i`. Luego se le pide al perceptrón que realice una predicción sobre los valores los valores `a`, `b` y `c` recientemente ingresados, que nos «diga» a través de su neurona de salida si a < b + c o no. Esto se logra invocando `procesa-entradas`. En las primeras iteraciones del entrenamiento el perceptrón probablemente hará predicciones erróneas. Pero gracias a que conocemos la predicción correcta para cada `a`, `b` y `c` de la data de entrenamiento podemos «corregir» al perceptrón cada vez que se equivoque, propiciando así su gradual aprendizaje. Las correcciones se reflejan como cambios en los pesos sinápticos y se implementan de la siguiente manera:

```
to actualiza-pesos [salida]
  ask links [ set peso
    peso + alpha * (salida - [vsalida] of end2) * [vsalida] of end1
  ]
end
```

El ajuste de los pesos sinápticos en cada iteración depende de la diferencia entre lo que predice el perceptrón, i.e. `[vsalida] of end2`, y la predicción correcta, almacenada en la `i`-ésima posición de la lista `salidas`, i.e. `item i salidas`. La variable global `alpha`, cuyo valor es fijo, entre 0 y 1, amortigua los cambios de los pesos sinápticos, para que estos no varíen muy drásticamente de una iteración a otra.

Los procedimientos que faltan para completar el código del perceptrón se muestran a continuación:

```
to asigna-entrada [i]
  let k 1
  ask neurona 0 [set vsalida 1]
  repeat nentradas - 1
  [ askneurona k [set vsalida (item (k - 1) (item i datos))]
    set k k + 1
  ]
end

to-report signo [x]
  ifelse x > 0 [report 1] [report 0]
end
```

Luego de concluida la fase de entrenamiento el perceptrón ya tiene los pesos sinápticos que le permitirán hacer buenas predicciones. El usuario puede ingresar valores positivos para a, b y c en los controles de entrada de la interfaz y presionar el botón Predecir para verificar cuan bueno ha sido el entrenamiento. Si los resultados no son satisfactorios puede volver a realizarse un nuevo entrenamiento con un mayor número de datos.

Finalmente, no podemos pasar por alto las limitaciones del perceptrón. Este solo funciona correctamente si los datos que analiza son linealmente separables. Es decir, si al plotear los datos de entrenamiento sobre un plano los puntos para los que la predicción debe ser 1 y aquellos para los que la predicción debe ser 0 pueden ser separados por una línea (o, en general, por un plano). Fueron Marvin Minsky y Seymour Papert –este último es el creador de LOGO que mencionamos al inicio del libro– quienes identificaron esta deficiencia y la comentaron en su libro *Perceptrons*, en 1969. Sus duras sentencias iniciaron un periodo conocido como el invierno de la Inteligencia Artificial que, felizmente, quedó superado con la aparición de modelos más sofisticados, como las redes *backpropagation*.

ALGORITMOS GENÉTICOS

Los algoritmos genéticos (AGs) son modelos computacionales de búsqueda basados en el proceso de evolución por selección natural. Lo que suele buscarse en un problema o situación propuesta es, si no la solución óptima, por lo menos, soluciones de buena calidad. El desarrollo inicial de esta área de estudios se debe principalmente a los trabajos de John Holland en los 60's.

Los AGs han sido utilizados para encontrar rutas óptimas, en el aprendizaje de ciertas tareas por parte de robots, para planeamiento de producción, en procesamiento de imágenes, en minería de datos, para hacer predicciones médicas basadas en análisis de ARN, entre muchas otras aplicaciones más.

En su versión más simple los AGs manipulan un conjunto de listas binarias, de 0's y 1's. Matemáticamente, cada lista representa un punto en el espacio de soluciones de un determinado problema, es decir, una potencial solución, un tentativo resultado. La idea central de un AG consiste en generar aleatoriamente un gran número de listas binarias y alterarlas muchas veces hasta encontrar aquella lista que represente la solución óptima del problema abordado o, por lo menos, una muy buena solución. Las formas de perturbar las listas binarias están inspiradas en los conceptos biológicos de **selección**, **cruzamiento** y **mutación**.

En el argot de los AGs cada lista binaria vendría a ser un cromosoma; y cada uno de sus bits, un gen. El conjunto de listas que manipula el AG se llama población.

Para cada problema existe una función que permite medir la calidad (*fitness*) de los cromosomas. Gracias a esta función el AG puede distinguir cuáles son los mejores cromosomas en cada generación y seleccionarlos para que puedan reproducirse con mayor frecuencia. Dándoles mayores chances de reproducción a los mejores individuos, los AGs van obteniendo mejores soluciones de generación en generación.

En cuanto a la reproducción, el cruzamiento de dos cromosomas resulta en dos nuevos cromosomas, que se forman uniendo fragmentos de los originales.

A diferencia del cruzamiento, que siempre involucra dos cromosomas, la mutación afecta a uno solo. Consiste en la alteración de un gen elegido al azar, de 1 a 0 o de 0 a 1. Al igual que en la Naturaleza las mutaciones ocurren con poca frecuencia en los AGs.

El ejemplo que usaremos para ilustrar cómo se implementa cada parte de un AG está inspirado en los juegos de encaje que estimulan las habilidades motrices de los niños de pocos años. Así como estos pequeños buscan de entre una ruma de piezas aquella que quepa perfectamente en un orificio específico, nuestro algoritmo genético deberá «construir» una pieza que encaje con la mayor precisión posible dentro de un molde prefijado.

Los pasos a seguir para resolver este problema usando un AG son los siguientes:

Representación matemática

Visualmente, el molde sque usaremos se encuentra sobre un cuadrado de 8 x 8 = 64 parcelas, como el mostrado al lado. Las parcelas amarillas representan un material sólido (madera, acero, etc.); las negras son huecos sobre los que deberá encajar la pieza a construir. En nuestro caso, debe ser una pieza en forma de doble L siamés.

Matemáticamente, el molde es una lista de 64 números binarios. El 1 representa el material sólido del molde; y el 0, un hueco, ausencia de material. Específicamente, el molde mostrado se implementó con la variable global M:

```
set M [ 0 0 0 0 0 1 1 1
        0 0 0 0 0 1 1 1
        1 1 1 0 0 1 1 1
        1 1 1 0 0 1 1 1
        1 1 1 0 0 1 1 1
        1 1 1 0 0 1 1 1
        1 1 1 0 0 0 0 0
        1 1 1 0 0 0 0 0 ]
```

Para poder transformar directamente M en un gráfico a colores conviene definir la parcela superior izquierda de la Vista como el punto (0, 0) y redefinir max-pxcor y min-pycor con 7 y -7, respectivamente. Esto se realiza mediante el formulario Configuración de Vista.

Población inicial

Las piezas que el algoritmo genético irá «fabricando» durante su ejecución también se representan como listas de ceros y unos. Inicialmente se empieza con una población cien piezas de geometría aleatoria que, luego, el algoritmo irá alterando hasta encontrar una que encaje perfectamente con el molde. Las piezas iniciales se obtienen invocando a crea-pob-ini. Este procedimiento genera cien listas L de 0's y 1's (random 2) y las acumula en la variable global Pob, una lista de listas que, al final, vendría a representar la población de piezas de cuya evolución se espera que «nazca» la pieza perfecta. El tamaño de la población (100) se almacena en TPOB; y la longitud de cada lista (64), en LCROM.

```
to crea-pob-ini
  set Pob []
  let L []
  repeat TPOB [
    repeat LCROM [
      set L sentence L random 2
    ]
    set Pob lput L Pob
    set L []
  ]
end
```

La primitiva sentence mezcla los elementos de una lista (p.ej. L) con un número cualquiera (p.ej. random 2) y retorna la lista resultante.

Función fitness

Para saber si la calidad de las piezas generadas va mejorando o no conforme avanza el AG se necesita tener una manera de cuantificar la calidad de cada una, de saber qué tan buenas son las soluciones que el algoritmo va encontrando. Para ello se define la función de calidad f (por *fitness*). Figurativamente, lo que hace esta función sería equivalente a colocar una pieza sobre el molde e identificar: (i) cuántos huecos quedan sin rellenar, y (ii) cuántos «trozos» de la pieza caen sobre la parte sólida del molde. Con estos datos es posible cuantificar cuán buena es una determinada pieza, cuán bien encaja en el molde M.

Por ejemplo, en la figura de al lado, luego de colocar una pieza (roja) sobre el molde, se observa que hay 5 espacios huecos (parcelas negras) y 3 trozos de pieza fuera del molde (parcelas rojas sobre fondo amarillo). Arbitrariamente decidimos penalizar cada hueco hallado con el valor de -1; y cada trozo fuera de lugar, sobrepuesto al molde, con -2. Luego, la calidad o *fitness* de la pieza mostrada se calcularía así: 5 x -1 + 3 x -2 = -11.

Se puede deducir que cuanto mejor encaje una pieza en el molde su *fitness* será mayor (menos negativo). Una pieza que encaje perfectamente tendrá *fitness=0*.

La fución f muestra cómo cuantificar la calidad (*fitness*) de una pieza representada por la lista L.

```
to-report f [L]
  let Ltmp (map + L M)
  let nsobrep length filter [x -> x = 2] Ltmp
  let nhuecos length filter [x -> x = 0] Ltmp
  let costo -2 * nsobrep - nhuecos
  report costo
end
```

No hay necesidad de dibujar nada sobre la Vista. La sobreposición de una pieza sobre el molde se implementa como la suma de la lista-pieza y la lista-molde, es decir, con (map + L M). Al sumar estas dos listas binarias los elementos de la lista resultante Ltmp solo podrían ser 0, 1 y 2. Cada cero indicaría que hay un hueco, una parcela que ha quedado vacía después de colocar la pieza sobre el molde. Un dos indica que parte de la pieza ha caído sobre el molde, fuera del espacio vacío que se tenía que llenar. La calidad de una pieza sería la suma ponderada de estos dos valores.

Hemos usado diferentes pesos (-1 y -2) para penalizar distintas características de una pieza porque la relevancia de estas fallas no es la misma. Una pieza que contiene fragmentos que se traslapan con el molde es infactible, ni siquiera podría ser utilizada para el propósito requerido, que es introducir la pieza en el espacio hueco del molde.

Selección

Asi como los criadores de caballos de carreras seleccionan a sus ejemplares más prominentes para luego «cruzarlos» en busca de otros mejores, los algoritmos genéticos deben seleccionar a los individuos de mejor calidad (mayor *fitness*) y otorgarles solo a estos el derecho de cruzarse entre ellos.

```
to seleccion-mejores
  let k TELITE
  let n 0
  ordena-x-fitness
  while [k < TPOB] [
    set Pob replace-item k Pob (item n Pob)
    set k k + 1
    set n (n + 1) mod TELITE
  ]
end
```

El procedimiento seleccion-mejores elimina a la mayoría de la población, permitiéndoles cruzarse solo a un pequeño grupo de tamaño TELITE, de calidad sobresaliente. El espacio dejado por aquellos que no alcanzaron un nivel de calidad deseable se llena con réplicas (clones) de los mejores individuos. O sea, solo los TELITE mejores, junto a sus clones, llegarán a la fase de cruzamiento posterior. Para el presente ejemplo usamos TELITE = 10.

En el código anterior, antes de entrar al bucle while, la población Pob ya se encuentra ordenada de tal modo que sus mejores individuos están al inicio de la lista Pob. Dentro del bucle, la variable k se usa para identificar las posiciones de los que serán reemplazados (k=10, 11, …, 99); y n, para las posiciones de los reemplazantes. Con el operador residuo (mod) se logra que n oscile entre 0 y TELITE − 1.

El procedimiento ordena-x-fitness no solo ordena la lista población Pob en orden descendente según la calidad de sus individuos. También asigna la variable global Lfitness, una lista cuyo i-ésimo elemento es el valor *fitness* del i-ésimo individuo de Pob. El código del procedimiento se muestra abajo:

```
to ordena-x-fitness
  set Lfitness []
  foreach Pob [L -> set Lfitness sentence Lfitness f L]
  set Pob sort-by [[i1 i2] -> f i1 > f i2] Pob
  set Lfitness sort-by > Lfitness
end
```

Cruzamiento

A diferencia de otras técnicas heurísticas los AGs combinan las soluciones que va obteniendo. Este proceso se denomina cruzamiento (*crossover*). Figurativamente, en nuestro caso el cruzamiento consistiría en tomar dos piezas de buena calidad, romper cada una en dos fragmentos, y formar otras dos piezas nuevas encajando los fragmentos de la primera con los de la segunda. Haciendo esto muchísimas veces, a veces ocurrirá que las nuevas piezas serán mejores que las originales.

Matemáticamente, el cruzamiento de dos individuos se implementa mezclando sublistas. El cruzamiento del n-ésimo y el p-ésimo elemento de nuestra población de piezas, Pob, se implementa con el siguiente código:

```
to cruza-indvs [n p]
  let L1 item n Pob
  let L2 item p Pob
  let k random LCROM
  let L1-nvo sentence (sublist L1 0 k) (sublist L2 k LCROM)
  let L2-nvo sentence (sublist L2 0 k) (sublist L1 k LCROM)
  set Pob replace-item n Pob L1-nvo
  set Pob replace-item p Pob L2-nvo
end
```

Los primeros k elementos de L1 se unen con los últimos (64-k) elementos de L2 para formar un nuevo individuo, el hijo L1-nvo. Análogamente, los primeros k elementos de L2 unidos con los (64-k) últimos de L1 forman el segundo hijo L2-nvo. El punto de cruce k es elegido al azar, entre 0 y 64 (LCROM). Cada vez que ocurre un cruzamiento la población Pob se actualiza: los hijos reemplazan a sus padres (replace-item).

Abajo se ilustra cómo funciona el código anterior. Al menos uno de los dos hijos (L1-nvo) de L1 y L2 resultó ser mejor que sus padres. Así, cuando el azar permite que se combine lo mejor de uno con lo mejor de otro, la población evoluciona, se producen mejores individuos en cada nueva generación.

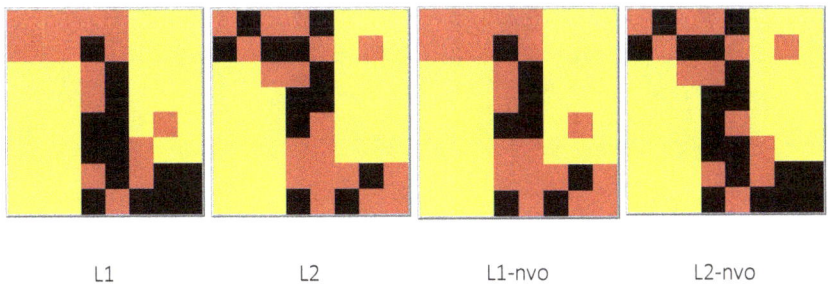

L1   L2   L1-nvo   L2-nvo

El cruzamiento de L1 y L2 genera los hijos L1-nvo y L2-nvo. Las primeras k=40 parcelas (5 filas) de L1 se juntaron con las 24 últimas parcelas (3 filas) de L2 para generar L1-nvo.

El procedimiento cruza-indvs nos dice cómo cruzar dos individuos específicos. Pero aún falta especificar quién se cruzará con quién. Existen muchas opciones. Nosotros implementamos la más simple. A sabiendas de que todos los que llegan a la fase de cruzamiento ya son individuos de buena calidad, hemos permitido que cualquiera se cruce con cualquiera (`random TPOB`). Como todos los cruzamientos involucran a dos individuos, basta con realizar `TPOB/2` cruzamientos para mezclar a toda la población (en promedio).

```
to cruzar-pob
  repeat TPOB / 2 [
    cruza-indvs random TPOB random TPOB
  ]
end
```

Queda para el lector darse cuenta que no hay problemas si el azar hace que un individuo se cruce consigo mismo. Tampoco ocurre nada grave si un individuo que ya ha sido cruzado vuelve luego, en la misma generación, a ser cruzado con otro diferente.

Mutación

Mientras el cruzamiento involucra a dos individuos la mutación afecta a uno solo. El siguiente código muestra cómo mutar el `k`-ésimo individuo de una población `Pob`. Solo se debe cambiar algunos de sus ceros por unos y viceversa.

```
to muta-ind [k]
  let L item k Pob
  let n 0
  repeat LCROM [
    if random-float 1 < PMUT [
      let vmutado ((item n L) + 1) mod 2
      set L replace-item n L vmutado
    ]
    set n n + 1
  ]
  set Pob replace-item k Pob L
end
```

En el código, el k-ésimo elemento de Pob se transfiere a la lista L, a la que se le invertirán algunos bits para luego volver a colocarla en la de k-ésima posición de Pob. El bucle repeat visita los 64 (LCROM) bits de L y evalua para cada uno si debe invertirse o no. La probabilidad de mutación de cada bit, PMUT, debe ser un valor pequeño. De lo contrario, la calidad de L podría echarse a perder al aplicarle demasiados cambios aleatorios. Nosotros usamos PMUT = 0.01.

La mutación de toda la población se implementa de la siguiente forma:

```
to mutar-pob
  let n 0
  repeat TPOB [
    muta-ind n
    set n n + 1
  ]
end
```

Algoritmo genético

Los procedimientos comentados anteriormente constituyen la base de cualquier algoritmo genético. Partiendo de una población inicial aleatoria, sus individuos se cruzan y mutan, repetidamente. El proceso de selección que se realiza antes del cruzamiento hace que solo los mejores individuos se reproduzcan. El código que integra todas las ideas ya comentadas se muestra abajo:

```
to alg-genetico
  crea-pob-ini
  repeat nreps [
    seleccion-mejores
    if item 0 Lfitness = 0 [stop]
    cruzar-pob
    mutar-pob
  ]
end
```

El algoritmo comienza construyendo `TPOB` piezas (listas) al azar y las almacena en `Pob`. Esto se hace una sola vez, en `crea-pob-ini`.

Dentro del bucle, `selecciona-mejores` hace un exigente control de calidad y elimina de `Pob` a los peores individuos dejando solo a los `TELITE` mejores individuos. Estos se mezclan y mutan muchas veces. El algoritmo acaba luego de `nreps` iteraciones o cuando aparece una generación cuyo mejor individuo alcanza la máxima calidad posible, i.e. `item 0 Lfitness = 0`. Esto último significaría que ya se ha encontrado una pieza que calza perfectamente en el molde inicial. `nreps` se obtiene de un deslizador en la interfaz de usuario.

Abajo se muestra el mejor individuo de una población `Pob` de 100 elementos en distintos periodos de simulación. En t=0 aún no se ha experimentado cruzamientos ni mutaciones, todas las piezas son completamente aleatorias. En apenas t = 16 iteraciones el algoritmo logra encontrar la pieza buscada.

Note que existen 2^{64} posibles listas binarias de 64 elementos. El algoritmo genético ha explorado un espacio de búsqueda enorme: 2^{64} piezas pudieron haber sido fabricadas. ¡Y el algoritmo encontró la correcta en solo 16 pasos! Asumiendo que nunca se generaron dos piezas iguales, el algoritmo ha evaluado a lo mucho 16 x 100 = 1,600 posibilidades... de un total de $2^{64} \approx 10^{19}$.

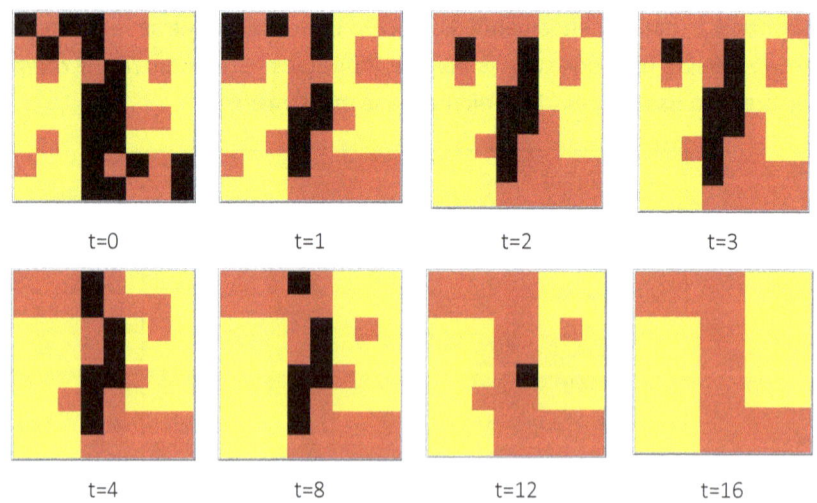

Evolución del mejor individuo de una población en 16 generaciones

No siempre se encontrará el óptimo en 16 iteraciones. Luego de ejecutar mil veces nuestro algoritmo notamos que encontrar la solución óptima toma entre 11 y 30 iteraciones, tal como se muestra en el histograma de abajo. En promedio, son 17.8 iteraciones las que tarda el algoritmo en encontrar el punto óptimo.

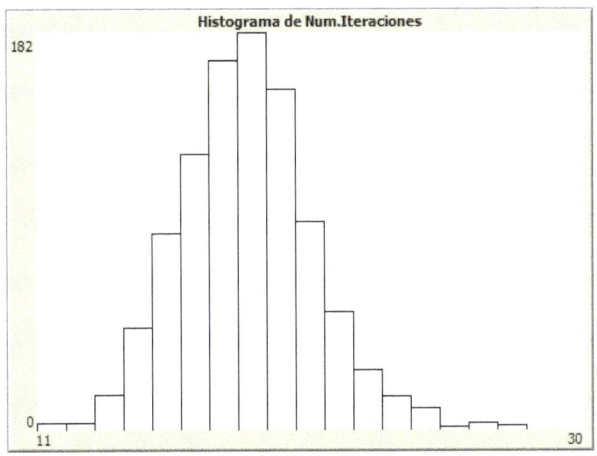

TPOB=100, TELITE=10, PMUT=0.01

min=11, max=30, prom=17.814

Otras mil corridas del algoritmo con distintos valores de TPOB, TELITE y PMUT arrojaron los siguientes resultados:

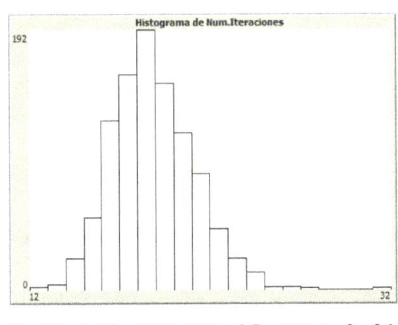 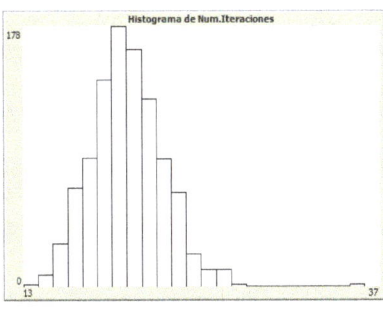

TPOB=100, TELITE=15, PMUT=0.01   TPOB=100, TELITE=20, PMUT=0.01

min=12, max=32, prom=18.389   min=13, max=37, prom=19.55

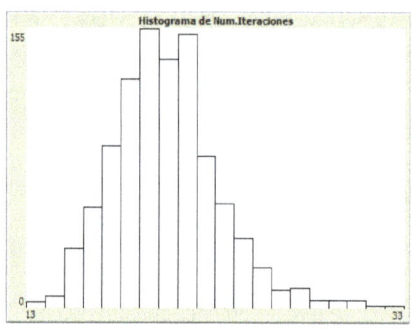
TPOB=80, TELITE=10, PMUT=0.01
min=13, max=33, prom=19.929

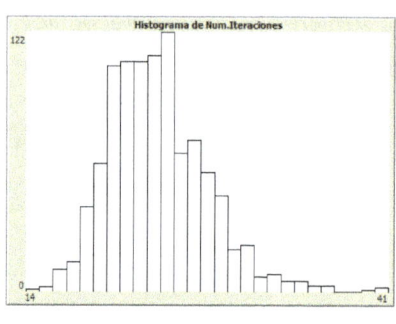
TPOB=60, TELITE=10, PMUT=0.01
min=14, max=41, prom=23.375

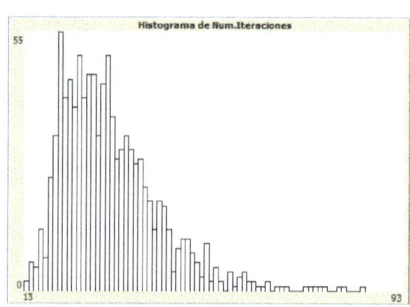
TPOB=100, TELITE=10, PMUT=0.05
min=13, max=93, prom=30.698

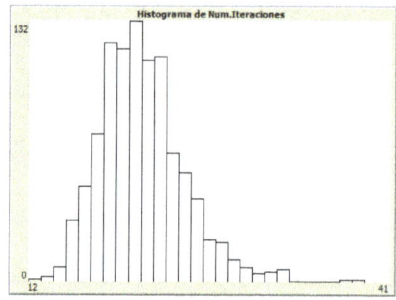
TPOB=100, TELITE=10, PMUT=0.005
min=12, max=41, prom=20.609

Los procedimientos que faltan para obtener un programa funcional se muestran a continuación.

Las variables globales son inicializadas en `ejecutar-ag`. Este procedimiento es invocado desde un botón en la interfaz de usuario. Desde aquí se invoca el algoritmo `alg-genetico`. Los procedimientos `dibuja-ind` y `pintar` transforman una lista binaria en un gráfico. Pueden usarse en cualquier parte del código, p.ej. cuando el AG ya ha finalizado y se desea ver la solución encontrada.

210

```
globals [M Pob Lfitness LCROM TPOB TELITE PMUT]

to ejecutar-ag
  ca
  set M [0 0 0 0 0 1 1 1
         0 0 0 0 0 1 1 1
         1 1 1 0 0 1 1 1
         1 1 1 0 0 1 1 1
         1 1 1 0 0 1 1 1
         1 1 1 0 0 1 1 1
         1 1 1 0 0 0 0 0
         1 1 1 0 0 0 0 0]
  set Lfitness []
  set LCROM 64
  set TPOB 100
  set TELITE 10
  set PMUT 0.01
  alg-genetico
  dibuja-ind item 0 Pob
end

to dibuja-ind [L]
  ask patches [set pcolor black]
  pintar M yellow
  pintar L red
end

to pintar [L col]
  (foreach sort patches L
  [[p num] -> if num > 0 [ask p
                          [set pcolor col]
  ]])
end
```

HORMIGAS ARTIFICIALES

Las hormigas llevan más de cien millones de años sobre la superficie terrestre. Sus habilidades sociales les han permitido superar con creces las limitaciones causadas por sus pequeños tamaños y sus minicerebros de menos de 1 milímetro cúbico. Entre las más de 10,000 especies conocidas existen unas que son agricultoras: se alimentan de cierto tipo de hongo que ellas mismas cultivan en sus hormigueros; otras son esclavistas: roban a las colonias vecinas sus huevos de los que luego naceran sus nuevos siervos; otras son ecologistas: protegen a los arbustos que las guarecen de los yerbajos y otras plantas parásitas; también hay sismólogas: viven en fallas geológicas y realizan cierto alboroto anómalo que suele coincidir con sismos posteriores en la zona. Pero lo que nos interesa aquí es su capacidad para buscar alimentos. Sin necesidad de reglas ni compás, las hormigas de ciertas especies suelen salir desde sus hormigueros y alcanzar las fuentes de alimento de su entorno a través de la ruta óptima. Esta capacidad cognitiva ha sido verificada dentro del laboratorio por Deneubourg, con el experimento del doble puente. Este consiste en restringir a solo dos rutas el camino de las hormigas hacia una fuente de alimento. En varios ensayos se repitió el mismo patrón: Luego de ciertas alteraciones de tráfico en ambos carriles, una notoria mayoría terminaba decantándose por la ruta más corta, tal como se ilustra en el siguiente gráfico:

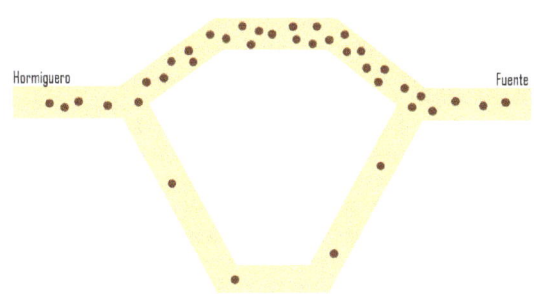

Las hormigas *iridomyrmex humilis* recolectan sus
alimentos a través de la ruta más corta

213

El fenómeno anterior se sustenta en la forma de comunicación que han desarrollado las hormigas. La ruda Naturaleza no les ha permitido a estos insectos los secretillos, susurros a media voz, ni cuchicheos que tanto disfrutan algunos humanos. Para comunicarse las hormigas tienen que dejar su mensaje por escrito, en el suelo, resignándose a que toda la colonia se entere de lo que tienen que decir. Esta forma de comunicación indirecta, a través del piso, se denomina **estigmergia** (*stigmergy*).

Cada vez que una hormiga encuentra una fuente de alimento retorna al nido derramando sobre el piso una sustancia química denominada feromona. Así, las hormigas que aún buscan comida pueden saber por el rastro de feromonas dejado por las otras hacia dónde deberían dirigirse.

La explicación del experimento del doble puente es la siguiente: Las hormigas que inicialmente eligen la ruta más corta –por pura casualidad– llegarán más rápido a la fuente de alimento y regresarán más rápido al nido. Por ende, dicha ruta se cubrirá más rápido de feromonas y será la preferida por las hormigas que posteriormente saldrán en búsqueda de bocado. Estas a su vez volverán a acumular más feromonas sobre la ruta más corta, haciéndola aun más atractiva. Así se desarrolla un proceso autocatalítico de **reforzamiento positivo** que favorece la elección de la ruta más corta, un efecto de bola de nieve que incrementa el nivel de feromonas justamente en el camino que contiene mayor cantidad de esta sustancia.

En los 90's, Marco Dorigo decidió emular la comunicación indirecta de las hormigas para intentar resolver problemas de optimización. El resultado de su tesis doctoral y sus posteriores trabajos fue una nueva área de investigación conocida como ACO (por *Ant Colony Optimization*, Optimización basada en colonias de hormigas). Una numerosa familia de algoritmos-ACO ha sido propuesta desde entonces para confrontar complejos problemas de optimización combinatoria, como el problema del agente viajero, de la ruta de vehículos, la confección de horarios universitarios y un largo etcétera.

En el resto de esta sección intentaremos generalizar el experimento de Deneubourg utilizando laberintos enrevesados, con muchísimas rutas alternativas, para ver si las hormigas realmente encuentran la más corta o simplemente se pierden en su camino hacia la fuente.

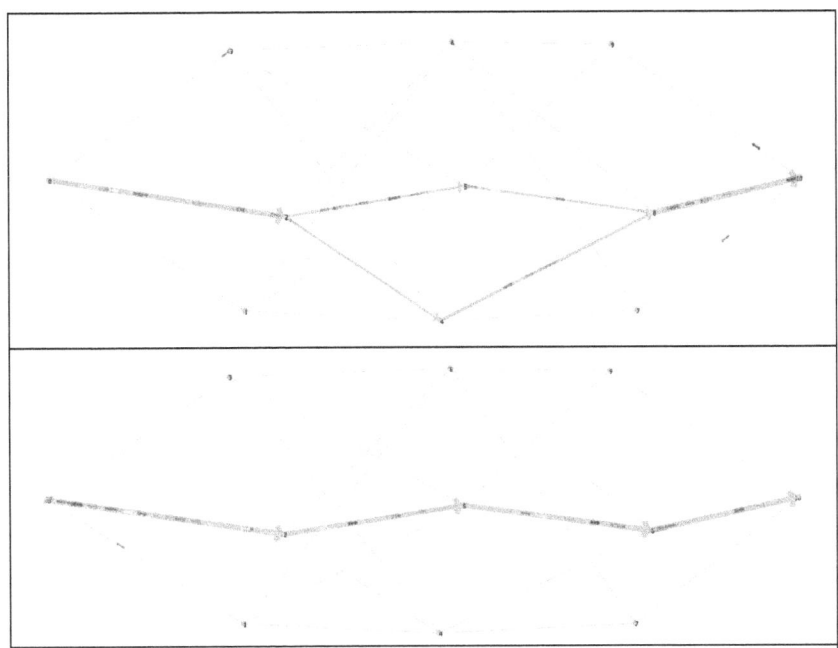

Arriba. Luego de 250,000 iteraciones ya se empiezan a notar dos rutas candidatas.
Abajo. Luego de 800,000 iteraciones ya se ha encontrado la ruta más corta.
Una iteración no es un salto desde un nodo al siguiente, sino un «pasito» de hormiga. Del nodo 1 al 2, por ejemplo, demora 386 iteraciones (386 pasos).

El laberinto del gráfico anterior es un grafo dirigido, i.e. nodos conectados por enlaces. Los enlaces representan los túneles por los que se desplazan las hormigas y donde depositan sus feromonas. Hay dos nodos especiales: uno que representa el nido y otro que representa la fuente de alimento; el resto de nodos son vértices cualesquiera que conectan los distintos túneles. El grosor de los túneles en el gráfico anterior indica la cantidad de feromonas que contienen. Tal como se deduce del gráfico, durante la simulación las hormigas descartan rápidamente las rutas largas e identifican gradualmente la ruta más corta.

La forma del laberinto mostrado es arbitraria y su implementación es engorrosa. Por ello omitiremos su código. Simplemente diremos que sus nodos fueron organizados por niveles: el nido tiene nivel 0, a su derecha hay otros que son de nivel 1, a la derecha de estos últimos hay otros de nivel 2, etc. En general, los nodos de nivel k se conectan aleatoriamente con otros de nivel k+1. La fuente es el único nodo de nivel max-nivel. Esta variable global es un parámetro que de alguna forma define el tamaño del laberinto.

Para implementar las hormigas y el grafo-laberinto se debe declarar:

```
breed [nodos nodo]
breed [hormigas hormiga]
globals [max-nivel]

hormigas-own [nodo-act
              nodo-sig
              tiene-comida?
              ult-ruta
              costo-ruta]

nodos-own [nivel]

links-own [feromona]
```

El algoritmo que utilizaremos se llama **S-ACO** (por *Simple ACO*). Distingue dos etapas en las caminatas de las hormigas: (i) cuando estas salen en busca de comida, y (ii) cuando retornan con ella al nido. Una variable `tiene-comida?` nos permitirá identificar la fase en que se encuentra cada hormiga.

El uso de enlaces dirigidos facilita la implementación del modelo S-ACO. Cuando las hormigas están en busca de alimento se moverán en dirección de los enlaces. Cuando ya tienen comida se moverán en sentido opuesto a los enlaces, i.e. de regreso al nido. La travesía de una colonia de hormigas se implementa así:

```
to simular
    ask hormigas [
        ifelse tiene-comida? [vuelve-nido] [busca-comida]
    ]
    tick
end
```

Al final del procedimiento `simular` uno podría añadir una línea de código para implementar la evaporación de feromonas en todos los túneles, con algo como: `ask links [set feromona feromona * 0.9]`; pero no es indispensable.

En nuestra implementación la hormiga no salta directamente de un nodo a otro. En aras del realismo buscado hicimos que cada hormiga pueda deslizarse sobre los enlaces dando pequeños pasitos, i.e. `fd 0.1`. No hay ninguna primitiva ni método directo para hacer que un agente camine sobre un enlace. Tuvimos que implementarlo manualmente definiendo algunas variables.

Cada vez que una hormiga llega a un nodo (i.e. a una distancia menor de `0.1`, en términos prácticos) actualiza sus variables `nodo-act` y `nodo-sig`, que indican el nodo inicial y final del túnel a recorrer. También se aprovecha para añadir el nuevo nodo visitado a la lista `ult-ruta` y actualizar el costo de la misma (la distancia total recorrida desde el nido) en `costo-ruta`.

Al iniciar una simulación las hormigas están reunidas en el nido (`nodo 0`). Para cada una de ellas se asigna `nodo-act` con el valor de cero, `nodo-sig` se asigna con cualquier nodo adyacente a `nodo 0`, `ult-ruta` se inicializa con la lista `[0]` y `costo-ruta` se asigna con cero.

La búsqueda de alimentos se implementa en `busca-comida`, cuyo código se muestra en la página siguiente.

Respecto al código, el bloque `if [nivel] of nodo...` se ejecuta cuando la hormiga llega a la fuente, cuyo identificador es la variable global `max-nivel`, asignada durante la construcción del grafo-laberinto. En dicho momento la hormiga se carga de alimento (i.e. `set tiene-comida? true`) e inicia su retorno al nido. Para que el retorno sea exactamente por el mismo camino de ida, tal como exige el algoritmo S-ACO, se deben recorrer todos los nodos de la lista `ult-ruta` en orden inverso, desde el último hasta el primero.

La parte crítica del código anterior está dentro del reportero `elige-sgte`, que decide cuál debe ser el siguiente nodo a visitar en el camino nido-fuente. Según S-ACO, cada vez que una hormiga llega a un nodo que se bifurca en varias direcciones, debe elegir una al azar, basándose en la cantidad de feromona derramada en cada posible dirección.

```
to busca-comida
  ifelse distancexy [xcor] of nodo nodo-sig
                    [ycor] of nodo nodo-sig < 0.1
  [ ; si se ha alcanzado un nuevo nodo
      set ult-ruta lput nodo-sig ult-ruta
      set costo-ruta costo-ruta +
                    [link-length] of link nodo-act nodo-sig
      set nodo-act nodo-sig
      if [nivel] of nodo nodo-act = max-nivel
      [ ; si el nodo alcanzado es la fuente
         set tiene-comida? true
         set ult-ruta but-last ult-ruta
      ]
      set nodo-sig elige-sgte
      set heading towards nodo nodo-sig
  ]
  [ ; si aún estamos en medio de un enlace
      fd 0.1
  ]
end
```

Abajo se muestra parte del código de `elige-sgte`. En esta se implementa la toma de decisiones de una hormiga que acaba de llegar a `nodo-act` y tiene que elegir el siguiente nodo al que deberá dirigirse.

```
let suma-feromona
      sum [feromona] of ([my-out-links] of nodo nodo-act)

let nodos-destino
      [who] of [out-link-neighbors] of nodo nodo-act

let probs-destino
      map [x -> [feromona] of (link nodo-act x)/suma-feromona
           ] nodos-destino
```

```
let num-azar random-float 1
let suma 0
let i 0

while [suma < num-azar]
[
  set suma suma + item i probs-destino
  set i i + 1
]

report item (i - 1) nodos-destino
```

Para entender cómo funciona este código utilizaremos un ejemplo concreto. Suponga que existen tres posibles caminos que parten de nodo-act, digamos que hacia los nodos 5, 9 y 11, el primero de ellos con el doble de feromonas que los otros dos. En ese caso, la hormiga que se encuentra en nodo-act construirá dos listas: nodos-destino ([5 9 11]) y probs-destino ([0.5 0.25 0.25]). Usando estas listas, el siguiente destino se elige con el método de la ruleta: Se genera un número al azar (num-azar) entre 0 y 1, y se identifica la posición donde caería dicho número en las sumas acumuladas de probs-destino. Por ejemplo, si num-azar=0.35, por ejemplo, la hormiga irá al nodo 5; si num-azar=0.6, irá al nodo 9; si num-azar=0.98, a 11, etc.

Las hormigas usan el método de la ruleta para decidir a qué nodo ir en su camino hacia la fuente de alimentos. Pero cuando ya tienen alimentos y están de retorno al nido la decisión es mucho más fácil. Cada hormiga retorna por la misma ruta que usó para llegar a la fuente. Esto se implementa eligiendo el último elemento de la lista ult-ruta:

```
let sgte item (length ult-ruta - 1) ult-ruta
set ult-ruta but-last ult-ruta
report sgte
```

Este último fragmento de código y el anterior forman parte de elige-sgte.

La ejecución de uno u otro depende del valor de la variable tiene-comida?

En el modelo S-ACO las hormigas solo derraman feromonas en el camino de retorno. La cantidad derramada depende de la distancia total del camino encontrado. Cuanto más corto sea el camino nido-fuente utilizado, más feromonas deberá ser derramada en sus túneles. El derramamiento de feromonas en el camino de retorno se implementa de la siguiente manera:

```
ask link nodo-sig nodo-act [
  set feromona
        feromona + 1 / ([costo-ruta] of myself * link-length)
]
```

Cada hormiga que camina desde nodo-sig hacia nodo-act rocea dicho enlace en cada paso que da. La cantidad de feromonas vertida es inversamente proporcional a la longitud total del camino utilizado, i.e. [costo-ruta] of myself. Dado que los «pasitos» que da la hormiga son de longitud uniforme, se debe evitar que los tramos más largos terminen recibiendo más feromona de la que les corresponde. Por ello se añade link-length en el denominador.

Siempre se pueden añadir N hormigas al modelo, al inicio o durante la simulación, con:

```
to anade-hormigas [N]
   create-hormigas N [set shape "ant"
                      move-to nodo 0
                      set ult-ruta [0]
                      set costo-ruta 0
                      set tiene-comida? false
                      set nodo-act 0
                      set nodo-sig elige-sgte
                      set heading towards nodo nodo-sig
                      ]
end
```

Inicialmente, para cada hormiga, `ult-ruta` contiene solo al cero, el identificador del nodo-nido. Esta lista se extiende durante la búsqueda de alimentos cada vez que la hormiga visita un nuevo nodo. Por el contrario, en el retorno al nido, la lista `ult-ruta` se contrae, se eliminan uno a uno los elementos ya visitados. Cuando la hormiga ya está de regreso en el nido, su variable `ult-ruta` es nuevamente la lista `[0]`, como al inicio de la simulación.

El procedimiento `vuelve-nido` es análogo al ya mostrado `busca-comida`.

Para evitar inconsistencias en los primeros cálculos, nuestro modelo inicializa los enlaces con una misma cantidad arbitraria de feromonas.

Finalmente, en el gráfico mostrado al inicio de la sección, que muestra el éxito de las hormigas al alcanzar la ruta óptima, el ancho de los enlaces refleja el nivel de feromonas que contienen. Esto se implementa con:

```
ask links [set thickness feromona / max [feromona] of links]
```

Bibliografía

- Aracil, J. and Gordillo, F., 1997. *Dinámica de sistemas*. Madrid: Alianza editorial.
- Braun, E., 2003. *Caos, fractales y cosas raras*. FCE.
- Byl, J., 1989. Self-reproduction in small cellular automata. *Physica D: Nonlinear Phenomena*, *34*(1-2), pp.295-299.
- Chopard, B., Dupuis, A., Masselot, A. and Luthi, P. (2002). Cellular automata and lattice Boltzmann techniques: An approach to model and simulate complex systems. *Advances in complex systems*, *5*(02n03), 103-246.
- Dewdney, A.K., 1989. Two-dimensional Turing machines and Turmites make tracks on a plane. *Scientific American*, *261*(9).
- Dorigo, M. and Stützle, T., 2019. Ant colony optimization: overview and recent advances. *Handbook of metaheuristics*, pp.311-351.
- Holland, J. H., 2000. *Emergence: From chaos to order*. OUP Oxford.
- Holland, J. H., 1996. *Hidden order: How adaptation builds complexity*. Addison Wesley Longman Publishing Co., Inc.
- Ilachinski, A., 2001. *Cellular automata: a discrete universe*. World Scientific Publishing Company.
- Papert, S., 1980. Mindstorms Children. *Computers and powerful ideas*.
- Resnick, M., 1997. *Turtles, termites, and traffic jams: Explorations in massively parallel microworlds*. Mit Press.
- Rosenblatt, F., 1958. The perceptron: a probabilistic model for information storage and organization in the brain. *Psychological review*, *65*(6), p.386.

- Segarra, J. G., 2002. *Vida artificial: del caos al orden: guía práctica de la complejidad*. Algar.
- Strogatz, S.H., 2018. *Nonlinear dynamics and chaos: with applications to physics, biology, chemistry, and engineering*. CRC press.
- Strogatz, S., 2004. Sync: The emerging science of spontaneous order.
- Prusinkiewicz, P and Lindenmayer A. *The Algorithmic Beauty of Plants*. Springer Verleg, 1990, Pages 40-50
- Witten Jr, T. A., & Sander, L. M., 1981. Diffusion-limited aggregation, a kinetic critical phenomenon. *Physical review letters*, 47(19), 1400.
- Wilensky, U. and Rand, W., 2015. *An introduction to agent-based modeling: modeling natural, social, and engineered complex systems with NetLogo*. Mit Press.
- Wilensky, U., 1999. NetLogo. http://ccl.northwestern.edu/netlogo/. Center for Connected Learning and Computer-Based Modeling, Northwestern University, Evanston, IL.

www.ingramcontent.com/pod-product-compliance
Lightning Source LLC
Chambersburg PA
CBHW060832170526
45158CB00001B/147